마음의 상처를
치유하는 일

마음의 상처를
치유하는 일

재난 현장에 선
정신과 의사의 기록

안 가쓰마사 지음
박소영 옮김

후마니타스

추천의 글

참사로 인한 트라우마는 이후 대응에 따라 증폭되어 공동체를 파괴하기도 하고 긍정적 가능성이 되어 새로운 공동체를 만들어 내기도 한다. 참사 트라우마에 온 사회가 함께 대응해야 하는 이유다. 도시 전체가 무너진 한신·아와지 대지진 후 안 가쓰마사 선생이 택한 길은 대피소를 직접 찾아가 동고동락하는 것이었다. 이 선택만으로 트라우마를 새로운 공동체의 긍정적 가능성으로 길들이는 데 절반 이상 성공했다. 피해자 곁에서 그 마음을 듣고 공감하고 동행하는 것만큼 좋은 치유는 없기 때문이다. 짧은 삶이었지만 피해자에게 따뜻했던 안 가쓰마사 선생에게 최고의 경의를 표한다.

• 유경근, 4·16 세월호참사 가족협의회 집행위원장

한신·아와지 대지진이 일어난 1995년, 공교롭게 나는 삼풍백화점에서 참사를 당했다. 어쩔 수 없이 나는 책에 나오는 일들에 깊은 동질감을 느꼈다. 그리고 다시 한번 깨달았다. 참사는 사람을 가려 오지 않는다는 것을, 이번에 내가 아니었다고 해서 다음에 내가 아니라는 보장은 어디에도 없다는 것을. 정신과 의사인 저자는 재난 이후 정서적 트라우마를 어떻게 극복할지를 책의 전반에 걸쳐 의사의 눈으로 상세히 안내한다. 이 책은 우리의 무너진 내면을 어떻게 다시 일으켜 세울 수 있는지 잘 알려 준다. 최근 대한민국은 연이은 사회적 참사로 온 국민이 함께 힘든 시기를 보내고 있다. 특별히 이번 일로 상심이 깊은 분들께 이 책을 권하고 싶다.

• 산만언니, 『저는 삼풍 생존자입니다』 저자

차례

3부 재난이 부른 마음의 상처를 돌보는 일

4부 재난에서 부흥으로

후기   282

책에 부치는 글

일러두기

* 이 책은 2019년에 출간된 신증보판 心の傷を癒すということ: 大災害と心のケア(作品社)를 번역한 것이다. 하지만 그중 중복되는 내용을 담은 일부 원고들은 저작권자의 허락하에 제외했다.
* 본문의 대괄호([　])와 각주(*)는 옮긴이의 첨언이다. 원주의 경우 ※로 표시했다.
* 단행본, 정기간행물에는 겹낫표(『 　』)를, 소제목, 논문 제목 등의 한국어 표기에는 홑낫표(「 　」)를, 노래·영화·연극·TV 프로그램 등에는 홑화살괄호(< 　>)를 사용했다.

_____

나카이 히사오中井久夫

안 가쓰마사는 멋진 청년이자 뛰어난 정신과 의사이며, 동시에 그 이상의 존재다. 그는 우리 세대가 개척하고자 한 조현병 임상 연구를 계승하면서도 심적 외상 이론과 임상에서 일찍이 한발 앞서 나갔다.

그의 치밀한 준비성은 한신·아와지 대지진*을 계기로 알려졌다. 지진이 왔을 때 그는 어떤 일이 기다리고 있을지, 또 그것에 대비해 무엇을 해야 할지를 가장 제대로 파악한 사람

---

* 1995년 1월 17일 새벽 5시 46분, 일본 효고현 아와지 섬 북부 앞바다에서 진도 7.3의 지진이 발생했다. 오사카·효고 등 간사이 지역에서 피해가 발생한 가운데, 진원지와 가까웠던 효고현 고베시는 특히 피해가 심각했다. 공식 기록에 따르면 전체 지진 사망자는 6434명이었으며, 부상자는 4만 명을 넘었다. 물적 피해 규모도 약 10조 엔에 달했다. 이는 2011년 3월 동일본 대지진이 발생하기 전까지는 일본에서 가장 피해가 큰 재난이었다.

이었다.

새로운 사태는 언제나 예상을 빗나가는 법이다. 하지만 그는 출구를 찾아 방황하고 부딪힌 끝에 마음 돌봄 네트워크가 출범할 수 있도록 힘을 보탰고, 그것이 몇몇 사람들의 열정으로 빠르게 형태를 갖춰 가는 모습을 현장에서 침착하게 관찰했다. 또한 고베의 구호자 통합 시스템을 만드는 과정에도 참여했다. 자발적이고 신속하게 꾸려진 이 통합 시스템은 대지진 현장에서의 정신의학 활동에서도 크게 두드러졌다.

또한 정신과 의사가 개인적으로 대피소를 방문하는 형태는 그가 고안해 낸 것으로, 그 덕분에 처음으로 궤도에 올랐다고 할 수 있다. 이를 통해 전국에서 지원을 나온 정신과 의사들이 자기가 일할 곳을 찾아갈 수 있었고, 며칠마다 교대하는 의사들이 지역 사정에 어두운데도 의미 있는 활동을 해낼 수 있었다. 이는 1차 예방 정신의학에서 보기 드문 실천이었다.

한편 그는 고베 대학 병원의 상근 의사로서 입원 환자들과 외래환자들을 계속 진료했다. 게다가 의사들을 통솔하는 '의국장'으로서 적절한 인사 배치를 해야만 했다. 이는 대지진이 일어나기 전에 하던 인사 업무와는 달랐다. 그는 실종자가 있는지 알아보고 의료진의 생사를 확인하는 일부터 시작해 외부에서 온 지원 인력을 맞이하고 준비하는 한편, 지친 정신과 의사들을 쉬게 하고 회복시킬 방법을 생각했다. 그러다 보면 통상적인 인사 발령 시기가 찾아왔다. 의국에서는 그를 찾는 전화가 끊임없이 걸려 왔다.

그는 대지진의 한복판에서 많은 것을 봤다. 그럼에도 불구하고 그의 필치는 담담하고 부드러우며 심지어 감미롭기까지 하다. 그 속에 담긴 그의 슬픔과 바람, 분노와 희망을 읽어 내는 것은 오롯이 독자들의 몫이다.

내가 앞서 1년간 재난을 기록한 두 권의 보고서가 이 책의 출간 전후로 나올 예정이다. 하지만 그것들은 내 직책이나 연배를 활용해 외부와 통신 기능이 대부분 갖춰진 곳에서 얻은 간접적인 정보에 불과하다. 그가 현장에서 발밑의 잔해를 느끼며 쓴 이 책에 경의를 표한다.

그의 젊음과 차분한 결단력에 경의를 보내고 선망하는 마음으로 이 서문을 마친다.

1996년 2월 26일

※ 이 글을 쓴 나카이 히사오는 고베 대학 명예교수이자 정신과 의사이며 안 가쓰마사의 스승이다.

1부

1995년 1월 17일 ~ 3월

1

내가 경험한

대지진

지진이 오던 날

야전병원이 돼 버린 대학 병원

1995년 1월 17일 동트기 전 새벽, 쿵 소리와 함께 집이 흔들리는 충격에 잠에서 깼다. 타닥, 하고 큰 소리가 나더니 수면등이 꺼졌다. 두 살 난 딸이 "엄마! 엄마!" 놀라서 소리를 질렀다. 아내는 "교코, 괜찮아" 하며 애를 껴안았다. 잠시 후 지반이 흔들리면서 몸이 방바닥 위에서 휘청거렸다. 온갖 물건들이 쓰러지고 부서지는 소리가 엄청난 기세로 귓가에 날아들었다.

흔들림은 꽤 오랫동안 이어졌다. 그리고 다시 정적이 찾아왔다. 바깥에는 아무 일도 없는 듯했지만 나는 흔들림이 멈춘 뒤에도 한참을 움직일 수 없었다. 아직 날이 밝기 전이어서 방은 캄캄했다. 어렵사리 찾아낸 손전등으로 방을 비추자 말문이 막혔다. 옆방에는 책장이 쓰러져 있고 서랍장의 서랍은 전부 밖으로 나와 있었다. 주방에는 쓰러진 선반에서 떨어진 그릇들이 산산조각 난 채 바닥에 흩어져 있었다.

전화도 먹통이었다. 범상치 않은 지진이라는 생각에 곧바로 라디오를 켰지만, 라디오에서 나오는 정보도 단편적이어서 전체 피해 상황까지 알 수는 없었다. 나는 집이 흔들리는 동안 철골 구조물이니 괜찮겠지, 나중에 쓰러진 물건만 정리하면 될 거야, 생각했을 뿐 같은 시각 순식간에 무너진 철골조 건물에 수많은 사람이 깔려 있다는 사실은 전혀 알지 못했다.

전철이 마비됐다는 소식을 들었기에 오늘 동료들은 출근을 못 하겠다는 생각밖에 들지 않았다. 집들이 붕괴하고 화재가 발생했다는 뉴스도 들었지만, 설마 이 정도로 대규모 지진일 줄은 생각하지 못했다.

날이 밝은 뒤 밖으로 나갔다. 갈라진 땅바닥에 자판기가 쓰러져 있고, 낡은 건물의 벽이 무너져 있었다. 공중전화도 연결되지 않았다.

일단 집부터 정리하려 했지만, 어디부터 손을 대면 좋을지 막막했다. 혼자서는 도저히 들지 못할 무거운 가구들이 방 안에서 널뛰기라도 한 것 같았다. 그릇은 대부분이 깨져 버렸고, 정전이어서 청소기도 쓸 수 없었다.

내가 경험한 한신 대지진은 이렇게 시작됐다.

그 후 나는 집을 나와 직장인 고베 대학 병원까지 걸었다. 우리 집은 고베시 주오구에 있어서 병원까지는 걸어서 20분

정도 거리였다. 아내와 아이만 집에 남겨 놓고 출근하려니 걱정스러웠다. 정전으로 전기도 끊기고 난방도 전혀 안 되는 상태였기 때문이다(그날 밤 두 사람은 이불을 뒤집어쓴 채 촛불에 의지해 밤새 방에서 숨죽여 있었다고 한다).

출근하는 길에 보니, 우리 집 피해는 분명 가벼운 수준이었다. 익숙한 건물이 무너져서 도로를 가로막고 있었다. 골목에는 목조 주택이 무너져 있었다. 무너진 건물에서 나온 흙먼지와 가스 새는 냄새가 온 동네를 떠다녔다. 구급차와 소방차가 도로 위를 달렸다. 하늘은 화재 연기로 어두침침했다.

나는 엄청난 충격을 받고 현실감을 잃어버렸다. 눈앞의 광경이 진짜라고 느껴지지 않았다. 악몽을 꾸는 것 같았다. 다른 사람들 역시 믿기지 않는다는 얼굴로 거리를 서성이고 있었다. 평소에는 인적이 드문 곳인데 이렇게나 많은 사람이 걷고 있으니 기분이 묘했다.

"큰일 났네요."

"저 건물은 상태가 심각하네."

횡단보도에서 신호를 기다리던 내게 낯선 사람이 말을 걸었다.

대학 병원의 비상용 전원은 무사했던 모양인지 병동에서는 텔레비전을 볼 수 있었다. 그때 나는 처음으로 이 처참한 대지진의 규모를 실감했다. 텔레비전에서 본 영상은 라디오로 들은 것보다 훨씬 충격적이었다.

나가타구가 불타고 있었다. 산노미야의 빌딩들은 줄줄이 무너지거나 뒤틀렸다. 진원지인 아와지 섬을 비롯해 고베시, 아시야시, 니시노미야시까지 집들이 무너졌다. 히가시나다구에서는 고가도로가 옆으로 아예 누워 버렸다. 철도는 JR, 한큐, 한신 모두 끊어졌다.

정신과 의사로서 평소 내가 하는 일은 환자들의 고민을 듣는 일이다. 이를 상담이나 정신요법이라고 한다. 그러나 대지진 당일 내 머릿속은 여러 감정과 정보들로 가득했다. 안부가 걱정되는 사람들도 많았다. 환자가 지진과 관계없는 상담을 해도 들을 만한 마음의 여유가 없었다.

병동의 의사 휴게실에는 라디오가 내내 켜져 있었다. 다들 마음이 뒤숭숭해서 잠깐이라도 틈이 나면 뉴스에 귀를 기울였다. 보도되는 사망자 수는 점점 늘어나 금세 300명을 넘어섰다. 실종자와 건물에 깔린 사람들도 많았다. 숫자는 점점 더 늘어날 듯했다. "1300명 이상의 사망자가 나온 1946년 난카이 지진南海地震* 이래"라는 말을 들을 때마다 나는 마음이 초조해

* 일본 시코쿠 남부 해안에서 발생하는 대지진을 가리킨다.

졌다(최종적으로 한신·아와지 대지진의 사망자는 6000명을 넘겼다).

주민들의 인터뷰가 하나둘씩 뉴스에 나오기 시작했다. 가족을 구하지 못한 채 집이 불타 버린 사람. 눈앞에서 부모를 잃은 사람. 무너진 집 아래에 깔려 생사를 알 수 없는 부모를 찾는 사람. 입던 옷만 걸치고 맨발로 도망쳐 나온 사람.

한편 대학 병원은 응급의료센터에 모든 기능을 집중해 마치 '야전병원' 같았다. 중환자들이 속속 실려 오고, 구급차의 사이렌 소리는 끊어질 새가 없었다.

병상이 부족해 대기실 의자에 눕혀 놓은 환자도 많았다. 링거를 걸 스탠드도 부족해서 스탠드 하나에 여러 사람의 링거병을 걸었다. 이날만 해도 응급 환자가 300명이 넘었다. 충분한 검사도 수술도 하지 못하고 응급조치에 급급했다. 영안실이 꽉 차서 회의실에도 시신이 놓였다.

이런 상황에서 정신과 의사가 나설 자리는 안타깝게도 별로 없었다. 다친 몸을 치료하는 것이 먼저였기 때문이다. 하지만 응급의료센터 복도에 우두커니 서서 슬픔에 빠진 유족들의

100~150년 주기로 발생하고 있으며 가장 최근에 일어난 지진이 1946년 12월 21일에 발생한 것으로 진도 8.0을 기록했다.

모습을 보니 주민들이 얼마나 깊은 마음의 상처를 입었을지 걱정스러웠다. 그리고 응급 의료 시기가 지나면 반드시 정신 과가 분주해지리라는 생각이 들었다.

내가 정신과 업무에 계속 전념할 수 있었던 건 대학 병원의 특수성 덕분이다. 대학 병원에서는 응급의료센터 지원에 내과· 외과 의료진과 대학원생 등을 대거 동원할 수 있었다. 하지만 지역 개업의들은 정신과 의사도 수많은 시신을 검안해야 했다. 아카시 쓰치야마 병원의 오타 마사유키 원장은 이렇게 썼다.

우리는 검시관과 짝을 이뤄 시신 검안을 시작했다. 우선 시신을 덮은 담요를 걷기 전에 경찰관 대여섯 명이 빙 둘러싸 외부 시선을 차단한 뒤 담요를 들어 올린다. 그러고는 사진을 촬영하고 검안을 시작한다. 머리 절반이 완전히 날아간 시신, 얼굴이 시뻘겋게 부풀어 질식사로 추정되는 시신, 상당한 고열에 타버린 것으로 추정되는 백골 시신 등등. 나는 그 비참한 광경에 동요하면서도 익숙하지 않은 업무를 계속했다. '이 서류[검안서] 없이는 장례도 못 치를 텐데'라는 생각에 최대한 많은 시신을 검안해야 한다는 사명감이 들었다.

처음에는 교실이나 체육관에서 검안을 하다가 저녁 8시경에 운동장의 텐트로 이동했다. 탐조등이 켜지고, 바깥에는 구급차와 순찰차의 사이렌 소리가 쉴 새 없이 울려 퍼지는 추운 겨울밤, 검안 중인 시신 옆에서 흐느끼는 사람들과 처참한 시신.

몇 개의 뼛조각을 내게 보여 주며 "저희 부모님 유골이에요. 자다가 집이 무너져 깔렸는데 불이 나서 시신이 타버렸어요. 불을 끄고 겨우 이거라도 건졌는데, 어느 쪽이 아버지고, 어느 쪽이 어머니인지 알려 주시겠어요?"라고 말하는 중년 남성. 결혼하고 이사를 오자마자 지진과 화재 때문에 5층에서 함께 뛰어내려 전신 타박상으로 사망한 20대 초반의 신혼부부 등등. 업무가 끝난 밤 11시, 시신 번호는 530번이 넘어가 있었다.

그 후 몇 주간 나는 당시에 본 광경이 꿈에 여러 번 나타나서 자다가도 벌떡 일어나곤 했다. 그야말로 PTSD(외상 후 스트레스 장애) 상태였다(東山千絵 1996).

독일의 정신과 의사 한스 뷔르거-프린츠Hans Bürger-Prinz는 나치 강제수용소에서 해방된 사람들의 우울증을 '뿌리 상실 우울증'이라고 불렀다. 생활 기반을 모두 잃어버린 상황을 '뿌리 상실'이라고 표현한 것이다.

지진은 대지가 흔들리고 발밑이 꺼질 것 같은 공포의 시간이었다. 그러나 집과 가족까지 잃은 사람들의 땅은 그 후에도 계속 흔들렸다. 지진은 그야말로 사람들의 삶을 뿌리째 흔든 것이다.

대지진 당일, 나는 병원에 도착해 간호부장 나카이와 교코 씨의 어머니가 무너진 집 아래 깔렸다는 소식을 들었다. 병원에서도 간호사들이 지원을 나갔고 어머니는 몇 시간 뒤에 구출됐다. 하지만 가장 가까운 구급 병원은 정전 때문에 진료 기능이 마비된 상태였다. 결국 나카이와 씨는 이곳 대학 병원의 응급실까지 어머니를 데려와서야 겨우 치료를 받게 할 수 있었다. 나는 어두컴컴한 복도에서 녹초가 된 그녀와 마주쳤다.

"여기 와서 겨우 한시름 놨어요."

그 후 간호사들 중에도 큰 피해를 입은 사람이 있음을 알게 됐다. 자기 집이 부서진 사람도 있고, 부모님이나 자녀의 집이 무너지거나 심지어 화재로 불타 버린 사람까지, 대학 병원 직원 중에도 피해를 입은 사람이 100명이 넘는다고 했다.

지진 당일에 근무했던 정신과 의사는 수련의 몇 명과 대학원생 S 씨, 전날 당직을 마치고 귀가하지 못한 의사 K 씨, 그리고 나였다. 며칠 후 정신과 의사 대부분이 출근했다. 고작 며칠 만나지 못했을 뿐인데도 무척 반가웠다.

니시노미야에서부터 고베시 주오구 서쪽 끝에 있는 대학 병원까지 걸어온 몇몇 동료들이 전해 준 이야기에 나는 깜짝 놀랐다. 출근길에 보니 니시노미야시, 아시야시, 고베시 히가시나다구, 나다구의 피해가 심각하다고 했다. 이 시기는 아직 재난 지역의 전체 상황이 파악되지 않았을 때였다. 언론에서 전하는 정보는 막연한 느낌만 들게 할 뿐, 실제로 목격한 사람의 이야기를 듣고 나서야 비로소 이해될 때가 많았다.

동료 의사들이 입은 피해도 컸다. 집이 무너져 형제를 잃은 H 씨, 반파된 집을 나와 가족과 함께 대피한 I 씨와 S 씨. 집은 건졌지만 집안이 아수라장이 되고 가스와 수도마저 끊겨 생활이 불가능해진 수련의들. 내 집은 다행히 붕괴를 면했지만, 나도 가족을 오사카에 피난시키고 혼자 집에서 출퇴근해야 했다.

철도가 끊겨 출퇴근이 불가능해진 사람도 있었다. 병동에서는 언제나 여러 명이 숙식을 해결하며 뒤섞여 잤다. 그렇게 직장에서 먹고 자는 생활이 몇 달이나 계속된 동료도 있었다. 정신과 병동의 한 귀퉁이는 한동안 직원과 그 가족들, 이후에는 자원봉사를 온 의사들이 생활하는 합숙소가 됐다.

동료 간호사, 의사들은 지진 피해가 큰데도 의외로 침착했다. 오히려 평소보다 업무에 더 몰두하는 것 같았다. 어쩌면 불길한 생각이나 절망적인 마음을 떨쳐 내려 했는지도 모른다. 그들은 내가 "힘들죠?"라고 말을 걸면, "목숨은 건졌으니 다행이죠" "괜찮습니다" "지진이 났으니 어쩔 수 없죠"라며 자신이 입은 피해에 대해서는 말을 아꼈다.

그러나 표정은 굳어 있었고, 말투도 어딘가 억양이 없고 딱딱했다. 결코 "괜찮을" 리가 없었다. 머릿속은 여러 감정으로 가득 찼을 것이다. 다만, 당장 생활을 유지하기 위해 긴장한 상태인데다, 심한 충격으로 현실감을 잃고 우울한 상태에 빠지지 않았을 뿐이다. 일에 몰두하는 것도 상실의 경험에서 일시적으로나마 눈을 돌리기 위함이었으리라.

이처럼 재난을 입고도 계속 일을 한 사람들이 많았다. 이는 의료계 종사자뿐만이 아니었다. 소방, 경찰, 건축 등의 분야에서도 이재민이 다른 이재민들을 돕는 사례가 많았다. 관공서도 병원도 모두 타격을 입었다. 특히 대피소가 된 학교 관계자들의 노고는 이만저만이 아니었을 것이다.

눈에 보이는 피해가 없는 사람들 역시 생활에 커다란 영향을 받았다. 교통망이 끊기고 생활 기반 시설이 멈추니 예상치 못한 어려움이 많았다. 그래서 나처럼 가족을 다른 지역에 대피시키고 혼자 집에 남아 일하는 사람도 꽤 있었다. 동료 의사 중에는 인근 지역에서 한참을 걸려 출근해 병원에서 묵으며 일하고, 며칠 쉬는 식으로 변칙적인 근무를 하는 사람도 있었다.

재난 지역에서 일하는 사람들은 대지진의 충격은 물론이

거니와 생활의 변화까지 겹치면서 서서히 힘에 부치기 시작했다. 정신의학 면에서도 대개 한순간에 들이닥친 스트레스보다 지속적인 만성 스트레스가 훨씬 다루기 어렵다. 그리고 이런 스트레스는 그냥 간과하기도 쉽다.

직접 재난을 겪기 전까지 나는 구호자란 막연히 재난 지역 밖에서 온 사람이라고 생각했다. 어디선가 나타난 구조대가 주민들을 안전한 장소로 데려가 보호하는 모습을 떠올렸던 것이다. 하지만 한신 대지진은 그렇지 않았다. 피해가 너무나 광범위했기 때문이다. 안전한 지역은 멀리 떨어져 있었다. 이재민의 숫자도 일반적인 재난보다 두세 자릿수나 많았다. 재난 지역에 '상처 없는 구호자' 따윈 없었다.

대도시에서 발생한 재난은 이런 모습이다. 매몰된 사람을 살릴 인력도, 도구도 없다. 화재 진압을 위한 물도 없다. 부상자를 옮길 수단도 없다. 병원에서 검사도 수술도 할 수 없고, 환자를 수용할 병상도 없다. 의료진들은 모두 피폐해져 있다. 이런 상황에서 많은 사람이 평소보다 더 열심히 일했다.

하지만 그 모습이 사명감에서 비롯된 것만은 아니라고 생각한다. 혼돈에 빠진 재난 지역의 사람들은 일에서 기댈 구석을 찾고 있었다. 일하면서 안정된 일상을 되찾으려 했던 것이다.

하지만 구호자 자신도 재난을 입은 상태에서 아무리 밤을 새워 일하더라도 결코 마음이 채워지지는 않을 것이다. 사명을 다했다는 만족감보다 일을 충분히 해내지 못했다는 아쉬움이 더 크기 때문이다. 그래서 사명감에 쫓겨 자신을 혹사하고 소진한다. 이런 상태가 장기화된 것을 정신과 의사들은 '번아웃 증후군'이라고 부른다.

한편 대지진 직후부터 많은 자원봉사자가 재난 지역으로 달려와 줬다. 며칠 사이에 구급차, 순찰차, 구호물자를 가득 실은 차량이 거리에서 눈에 띄기 시작했다. 다른 지역의 번호판을 단 차량을 보면 고마워서 눈물이 났다고 말하는 사람도 여럿 있었다. 나도 어느새 눈물이 많아졌다.

재난 구호 활동이나 자원봉사를 하러 온 사람들은 당연히 이재민들을 도우려는 선의로 왔겠지만, 어쩌면 주민들과는 반대로, 어딘가 일상에서 벗어난 '비일상'을 찾으려는 마음도 있지 않았을까. '비일상' 속에서 '일상'을 찾으며 일하는 사람들과 '일상'에서 뛰쳐나와 '비일상'에 빠져드는 사람이 한곳에서 일하는 묘한 광경이 펼쳐졌다.

재난 직후 주민들은 자신들이 버림받지 않았음을 확인하고 싶어 한다. 그것은 '재난을 입은 구호자'도 마찬가지다. 그래서 외부에서 상처 없는 누군가가 왔다는 사실이 처음에는 중요하다. 그리고 다른 지역에서 온 사람들이 재난을 입은 구호자의 마음을 지켜 주는 '구호자의 구호자'가 된다면 이상적일 것이다. 외부에서 온 사람들과의 교류는 이후 재난을 입은 구호자들에게 커다란 버팀목이 됐다.

2

정신과 구호 활동의

시작

보건소에 설치된 정신과 구호소

대지진 직후 재난 지역의 대다수 의료 기관이 기능 정지 상태에 빠졌다. 대학 병원도 2주 정도는 평상시의 외래 진료가 불가능했다. 전화가 가능해지자 병원에 올 수 없는 환자들의 전화 문의가 쇄도했다.

일반적으로 그다지 알려지지는 않았지만, 정신과에서는 신경안정제 투약이 대단히 중요한 치료 수단이다. 특히 정신질환(예를 들면 조현병) 환자들은 환각·망상을 억제하고 증상을 예방하기 위해 안정제 복용이 필수다. 복용을 중단하면 증상이 악화하는 사람이 많기 때문이다.

경험을 통해 이런 사실을 이해하고 있는 환자와 가족들은 약이 떨어질까 마음을 졸였다. 대지진 후에 걸려 온 전화 상담 역시 "병원에 못 가면 어디서 어떻게 약을 받나요?"라는 문의가 많았다. 다행히도 병원 컴퓨터는 제대로 작동했기 때문에 처방과 투약이 가능한 가장 가까운 의료 기관을 안내했다.

즉, 대학 병원에서는 기존의 통원 치료 환자들을 어떻게 할 것인가가 최우선 과제였다. 되도록 통원과 약 복용을 중단하지 않게 하려면 어떻게 해야 좋을까. 또한 입원 환자가 늘어날 것도 예상됐기 때문에 병상에 여유가 있어 환자를 받아 줄수 있는 병원을 알아봐야 했다. 하지만 소개를 하려고 해도 기존 의료 기관들의 피해가 너무 컸다. 많은 정신과 진료소가 타격을 받았고, 화재로 전소되거나 완파된 곳도 있었다.

선배 정신과 의사인 미야자키 류키치 선생의 진료소는 피해가 컸던 나가타구에 있었다. 대지진으로 화재가 발생하는 바람에 그의 진료소 내부는 모두 불에 탔다. 내가 전화로 안부를 묻자 그가 들려 준 이야기가 인상적이었다.

"불타 버린 진료소로 환자가 약을 받으러 왔어. 아카시의 I 선생에게 그 이야기를 했더니, 불탄 자리에 천막이라도 치고 진료를 하면 어떻겠냐고 하더군."

미야자키 씨는 천막에서 진료를 하는 대신 (대지진 발생 닷새 뒤인) 1월 21일부터 나가타 보건소에서 진료를 시작했다. 그로부터 일주일도 안 돼서, 이 활동을 모델로 고베시 6개 구, 아시야시, 니시노미야시 등 여러 지역 보건소에 '정신과 구호소'가 마련됐다. 또한 각 지자체에서 파견한 정신과 의사, 정신과 사회복지사, 간호사가 그곳에 배치되었다.

정신과 구호소에서는 의사가 진료를 본 뒤 약도 어느 정도 처방해 주었다. 집이 부서진 주민들이 지내도록 초등학교·중학교 등에 마련된 대피소에서 요청이 들어오면 왕진도 나갔다. 그리고 입원이 필요한 환자는 병원을 찾아 절차를 도왔다. 현장에서는 각 보건소의 정신보건복지 상담원과 보건지도사가 지휘를 맡았다.

내가 참여한 곳은 효고 보건소의 정신과 구호소였다. 대개 보건소는 구청 옆에 딸려 있는데, 나는 구청의 상황을 보고 깜짝 놀랐다. 청사 안은 이것저것 상담을 하러 온 사람들과 구호 물자를 찾는 사람들로 혼잡했다. 수면 부족으로 충혈된 눈에 지친 얼굴을 한 직원이 분주하게 움직이고 있었다. 다소 살벌한 분위기를 띤 목소리도 들렸다. 관공서가 이토록 어수선한 모습을 본 건 처음이었다.

예상대로 구청의 젊은 남자 직원이 남몰래 구호소에 상담을 받으러 왔다.

"여기 있는 걸 알면 농땡이를 부린다고 혼날 거예요."

그는 이렇게 말하며 요통과 피로감을 호소했다. 안색도 안 좋고 피곤에 찌들어 있어 억지로 웃기도 힘들어 보였다. 지진 이후로 구청에서 먹고 자면서 옷 한번 갈아입지 못한 채 일했다고 한다. 구청 직원도 주민도 모두 신경이 예민해져서 잠깐

쉬기라도 하면 질타를 당한다고 말했다. "피곤한 게 당연해요"라고 내가 말하니 "역시 그렇죠?"라며 안심한 듯이 고개를 끄덕였다. 파스를 붙여 주고 노고를 위로하니 잠시 후 한결 편안해진 얼굴로 돌아갔다.

지진이 일어나고 2주째가 된 날이었다. 구청 직원들도 극심한 스트레스에 시달리고 있었던 것이다.

전신의 통증과 변비 증세를 호소한 할머니도 있었다. 할머니는 5시간 동안 건물 잔해에 깔려 있다가 구출되어 고령의 남편과 대피소에서 지내고 있었다. 이전부터 만성질환이 있던 남편을 줄곧 보살펴 온 그녀는 대피소에서도 남편을 돌봐야 했다.

"나도 여기저기가 아파서 몸이 천근만근인데, 남편을 보살피고 있으니 사람들은 내가 멀쩡한 줄 알아요. 여기서 나까지 병에 걸리면 지금 있는 대피소에서 쫓겨나지는 않을지 걱정이에요."

할머니는 진료 내내 불안한지 상기된 목소리로 똑같은 말을 되풀이하고는 옛날이야기를 시작하더니, 남편과의 결혼 생활은 고생의 연속이었다고 푸념했다. 장황한 이야기였지만 요약하면, 그녀는 생활에 대한 불안을 강하게 느끼고 있었다. 그리고 "대피소 사람들은 모두 좋아요……"라고 말하면서도 내

심 그 안에서의 인간관계가 무척 신경이 쓰이는 모양이었다.

나는 상담을 마치고 생각했다. 고베는 전국에서도 정신과 진료소가 많은 지역이다. 한신 지역[오사카와 고베]만 해도 50곳이 넘고, 어느 곳이든 환자가 많았다. 이 지역은 정신과에 다니는 것을 그다지 꺼리지 않는 편이다. 하지만 이 할머니는 여기가 병원 정신과였다면 아마 오지 않았을 것이다. 정신과 구호소가 보건소의 한구석에 있었고, 무료였기 때문에 상담을 하러 오기가 쉬웠을 터다.

그런 의미에서 기존 의료 기관보다 문턱이 낮은 정신과 구호소의 역할은 컸다. 하지만 고베시에 보건소는 구마다 한 곳, 아시야시, 니시노미야시는 시 전체에 한 곳뿐이었다. 게다가 교통 상황이 안 좋으면 도보로 이동해야 하는데, 보건소까지 한 시간 이상 걸리는 지역도 있었다.

상담을 하고 나니 대피소 생활의 가혹함이 새삼 머릿속에 떠올랐다. 당시 나는 아직 대피소의 실상을 제대로 알지 못했다. 물론 텔레비전으로나마 접했고, 집 근처 중학교에 물과 식료품을 배급받으러 간 적도 있었지만, 대피소 생활을 직접 겪은 것은 아니었기 때문이다.

나는 이 정도로 심각한 물리적·심리적 타격을 입은 주민들에게서 새로운 정신질환이 나타날지도 모른다는 위기감을 느꼈다. 대재앙을 겪은 주민들에게 종종 '재난 신경증'이라고 하는 이상 증세가 발생한다는 것 정도는 평범한 정신과 의사인 나도 알고 있었기 때문이다. 하지만 나는 그것이 어떤 병인지, 대처 방법은 무엇인지에 대해서는 잘 알지 못했다.

평소에 씩씩했던 선배 의사는 "지진 이후로 눈물이 많아져서 길을 걷다가도 갑자기 울음이 나"라고 내게 말했다.

나도 마찬가지였다. 부서진 건물과 대지진 뉴스를 보면 갑자기 눈물이 나서 어쩔 줄을 몰랐다. 단순히 슬프거나 괴로운 감정만은 아니었다. 오히려 신경이 곤두서고 혼란스러운 기분이었다.

이런 '기분'은 피해가 적었던 사람들도 다 느꼈을 것이다. 하물며 많은 것을 잃고 심리적 충격이 심한 사람들은 더 큰 정신적 부담을 느낄 것이 분명했다. 나는 대피소에서 정신과 구호 활동이 필요하겠다고 생각했다.

자원봉사자가 왔다

한신 대지진에서는 현지뿐만 아니라 전국에서 많은 자원봉사자가 구호 활동을 위해 달려왔다. 이들 가운데는 지자체의 여러 단체가 공식적으로 파견한 사람들도 있었고 개인 자격으로 활동하는 자원봉사자도 있었다.

도움을 받는 재난 지역 입장에서 보면 양쪽의 차이는 그다지 중요하지 않았다. 어느 쪽이든 '외지'에서 온 사람들이었기 때문이다. 게다가 지원을 온 사람들의 생각도 저마다여서 마지못해 파견을 나온 사람도 있는가 하면 스스로 지원해서 구호 활동에 참여한 사람도 있었다. 이 책에서는 다소 거칠기는 해도, NGO라고 특정하지 않는 한 '자원봉사자'에는 공식 파견된 사람들까지 포함하기로 한다.

대지진 당시에 가장 활약한 자원봉사팀은 의료반이었다. 특히 재난 구호 활동에 익숙한 일본 적십자는 첫날부터 의료반을 파견했다. 그 후 지자체가 파견한 의료반이 하나둘씩 현지에 도착했다.

1월 20일(대지진 4일차)에 나는 대학 병원 바로 근처에 있는 '현립 정신보건 복지 센터'에 있었다. 이전부터 나는 이 센터에서 비상근으로 일하고 있었다. 그곳에서 스기우라 야스오 소장과 아소 가쓰로 과장(의사)을 만나 우선 무엇이 가능할지를 이야기했다.

파견된 의료반들은 모두 외과·내과적 응급조치 업무를 맡았다. 그러나 정신과는 무엇을 하면 좋을지 명확한 방법이 떠오르지 않았다.

마침 이전에 정신보건 복지 센터에서 근무했던 하루타 유지 선생이 찾아왔다. 그는 아시아의사연락협의회Association of Medical Doctors of Asia, AMDA*라는 NGO 단체가 나가타구의 대피소에서 활동하고 있으며, 많은 주민이 불면증을 호소해 정신과 의사도 돌봄에 힘을 보태고 있다고 전해 주었다. 또한 미야자키 류키치 선생이 나가타 보건소에서 정신과 구호 활동을 시작했다고 했다. 그는 필요한 약을 조달하기 위해 바삐 움직이고 있었다.

아소 씨는 이미 몇몇 지자체(교토, 오사카, 오카야마)에서 정신과 의사들의 지원 신청을 받은 상태였다. 또 고베시 주오 보건소에서도 정신과 의사를 보내 달라는 요청을 받았다. 그래서 그는 미야자키 선생처럼 각 보건소에 정신과 구호소를 설치할 방침을 세웠다. 그러나 고베시와 효고현의 행정은 눈코 뜰 새 없이 분주한 상황이었다. 결국 정신과 파견 의사를 배치하는 업무도 그가 맡게 됐다.

* 1984년, 일본인 의사 스가나미 시게루가 창설한 단체로서 '동양의 국경없는의사회'로 불린다. 아시아를 비롯해 동유럽, 아프리카, 남미 등 27개국 지회를 운영하며 세계의 대규모 재난·분쟁 지역에서 의료 자원봉사 활동을 하고 있다.

아소 씨는 각 지자체와 연락을 주고받으며 파견 의사와 파견처의 일정을 조율했다. 전화가 온종일 울려 대고, 그는 끊임없이 어딘가에 연락을 하고 있었다. 파견하는 쪽에서는 현지 사정을 모르니 세세한 것까지 물었다. 게다가 센터에는 지자체뿐만 아니라 구호 활동에 참여하고 싶은 일반인들의 전화까지 걸려 왔다.

하지만 어느 지역에 얼마나 인력을 투입할지 결정하기 위해서는 당시 1000곳에 이르는 대피소와 그곳에서 지내는 주민 30만 명의 실태를 정확히 파악해야 했다. 이로써 정신보건복지 센터가 정신과 영역에서는 사실상 재난대책본부가 됐다.

한편 대학 병원도 독자적으로 움직이기 시작했다. 의료진의 피로를 우려한 나카이 히사오 교수가 이전부터 친분이 있던 규슈 대학 정신과와 아오키 병원(도쿄)에 자원봉사 인력을 파견해 달라고 요청한 것이다. 명목은 공동 연구였지만, 실질적으로는 NGO 활동이었다.

1월 26일에 규슈 대학에서 처음 두 명이 오고, 그다음 날에는 아오키 병원에서 두 명이 왔다. 정신과 구호소의 체계가 마침내 자리를 잡아 갔다.

자원봉사 의사들이 오면서 병동에 있는 '합숙소'는 활기를 띠기 시작했다. 나는 대지진 후 처음 술을 마셨다. 이전까지는 술을 마실 기분도 들지 않았다.

나카이 교수가 규슈 대학 의사들에게 요청한 업무는 대학 병원의 간호사들을 대상으로 한 카운슬링이었다. 상담을 희망하는 사람은 언제든지 정신과에 와서 의사와 이야기를 나눌 수 있는 시스템이었다.

나카이 교수는 아오키 병원에서 온 의사에게 "한동안은 여기서 한가로이 지내세요. 있어 주기만 해도 의료진의 번아웃을 막을 수 있을 겁니다"라고 말했다.

자원봉사 의사들과 이야기를 나누며, 나는 대피소를 찾아가야겠다고 생각했다. 혼자서는 수많은 대피소를 다니며 뭔가를 하기가 힘들어 보였지만, 팀이라면 조금 더 긴 호흡으로 활동할 수 있을 것 같았기 때문이다.

나는 한신 대지진 이후 언론에서 정신과 의사의 활동을 크게 다루는 모습에 놀랐다. 이재민의 '마음 돌봄'이 이렇게나 주목을 받을 줄은 미처 생각하지 못했다.

이런 현상은 정신과 의사들을 왠지 모르게 고무했다. 뭔가 해야 한다고 생각하는 사람들이 많았다. 하지만 치료가 필요한 환자는 별로 없다는 의견이 있는가 하면, 겉으로 드러나지만 않았을 뿐 많다는 의견도 있었다. 재난 신경증이나 외상 후 스트레스 장애Post-traumatic Stress Disorder, PTSD 증상이 대체 어느 정도인지, 거기에 어떤 대책을 세워야 할지 나는 내 눈으로 직접 확인하고 싶었다.

대피소의 풍경

대지진으로 집들이 무너지고 소실돼 수많은 사람이 살 곳을 잃었다. 그 결과 초등학교·중학교 등 공공시설에 마련된 '대피소'에 30여만 명이 모여 생활했다.

부끄러운 이야기지만, 나는 대지진을 겪기 전까지 뉴스에서 대피소에 머무는 사람들을 보면 '왜 더 편한 곳으로 가지 않을까' 생각했다. 아무것도 몰랐던 것이다.

물론 잠깐만 머물고 서둘러 대피소를 떠난 사람들도 있다. 그래서 시간이 갈수록 대피소에 머무는 사람은 조금씩 줄어갔다. 하지만 대다수는 대피소를 떠날 수 없었다.

1월 29일(대지진 13일차), 나는 자원봉사를 온 정신과 의사들과 함께 대피소가 된 미나토가와 중학교를 찾아갔다.

우리는 일단 대피소에 상주하던 의료반 의사와 이야기를 나눴다. 듣자 하니 이 구호소는 이틀마다 의사가 교대하는 방식으로 운영되고 있었다. 그래서인지 정신과 구호 활동도 연계하면 어떻겠느냐는 제안에도 "본부에 가서 말해야지 여기서 말해 봤자 소용없어요. 게다가 저는 내일이면 철수예요"라며 영 시큰둥한 반응이 돌아왔다.

다음으로 대피소를 총괄하는 기시모토 이시네 교장 선생님을 만났다. 주민들의 '마음 돌봄'에 관해 뭔가 도움 될 일이 없는지 묻자 교장 선생님은 이렇게 말했다.

"잠깐 와보는 정도로는 아무 도움이 안 돼요. 나도 여기서 줄곧 먹고 자는데, 그 고충은 24시간 여기서 살아 보지 않으면 몰라요."

그다지 환영받지 못한다는 느낌이 들었지만, 일단 이 대피소를 매일 방문하기로 했다.

이틀 뒤 우리는 대피소에서 니시 시민 병원 간호사 팀과 만났다. 간호사들이 일하던 시민 병원이 대지진으로 무너져버려 고베시가 대피소 지원 업무에 이들을 파견한 것이었다. 간호사들의 안내로 우리는 대피소의 각 교실을 찾아갔다.

당시 운영되던 대피소는 1000곳이 넘었다. 인원도 수십 명부터 많게는 3000명까지 대피소마다 다양했다. 건물이 깨끗하고 따뜻한 곳이 있는가 하면, 낡고 추운 곳도 있었다. 어떤 곳은 노인이 많았고 어떤 곳은 아이들이 많았다. 또한 부유한 지역이 있는가 하면 가난한 지역도 있었다. 하지만 내가 방문한 대피소가 다른 곳과 비교해 어떤지는 판단할 수 없었다.

우선 교실이 몹시 추웠다. 담요는 충분한 것 같았지만, 사람들은 다들 춥다고 입을 모았다. 체육관과 강당에는 사람이 너무 많아 깜짝 놀랐다.

진찰실도 병동도 아닌 곳에서 갑자기 사람들에게 말을 걸려니 무척 용기가 필요했다. 마치 '영업 사원'이 된 기분이었다. 다짜고짜 "고민 없으세요?"라고 물어 봤자 아무도 대답하지 않을 것이기에, 우리는 건강 상태부터 물으며 이야기를 꺼냈다.

"잠은 잘 주무시나요? 식욕은 있으세요?"

질문에 대답해 줄 것 같은 사람과 잠시 대화를 나눴다. 불면증과 불안으로 힘들어하는 사람에게는 신경안정제를 처방했다.

감기에 걸려 누워 있는 노인도 많았다. "감기약 받았으니 괜찮아요"라고 말하는 사람이 많았지만, 아무리 약을 먹는다 해도 이 겨울에 이토록 추운 곳에서 지내면 괜찮을 리가 없었다.

만성질환 때문에 불안해하는 사람도 있었다. 어느 중년 여성은 "심장이 안 좋아서 금세 혈압이 오락가락해요. 여기서 병이 더 나빠질까 걱정이에요"라고 말하며 몇 종류나 되는 약들을 보여 줬다.

가스와 수도가 모두 끊기는 바람에 2주 넘게 목욕을 못 한 사람이 많았다. 종이 상자나 의자 등으로 칸막이를 만들어 가리기는 했지만 서로가 훤히 보이는 상황이었다. 옷은 어떻게 갈아입을까. 나는 차마 묻지 못했다. 그런 환경에서 되도록 남에게 피해를 주지 않으려고, 모두가 필사적으로 참으며 지내는 것 같았다.

"이미 없어진 건 어쩔 수 없죠."

"앞날 같은 건 몰라. 생각하면 속만 상하니 생각을 말아야지."

"빨리 임시 주택에 들어가서 그다음 일은 그때부터 생각하려고요."

이런 말을 몇 번이나 들었다. 다들 초췌한 얼굴을 하고 일단 지금의 생활이 끝나기만을 바라며 하루하루 견디고 있었다. 대다수 주민이 피해 상황을 자세히 들려줬다. 하지만 어느 할머니는 내가 정신과 의사임을 알고는 "마음이 불안하기는 한데, 의사한테 갈 정도는 아니야"라며 몹시 굳은 얼굴로 말했다.

한 여성은 하도 울어 눈이 퉁퉁 부은 채로 잡지를 읽고 있었다. 그녀는 내 명찰에 적힌 '신경과'를 곁눈질하면서도 끝까지 한마디도 하지 않았다. 정신과라는 이름에 거부감을 느끼는 사람이 많을 것 같아서 일부러 '신경과'라고 했건만, 정신과 진료의 문턱은 여전히 높았다. 상담을 받기에는 아직 마음을 추스르지 못한 사람이 많아 보였다. 섣불리 상담을 '강요'하면 이재민을 위한 구호 활동이 안 될 것 같았다.

때마침 우리가 정신과 자원봉사를 시작한 다음 날에 도쿄에서 보건사* 여럿이 파견됐다. 보건사들은 며칠간 대피소 사람들과 되도록 많은 이야기를 나눴고, 간호사들은 그 내용을 잘 정리해 줬다.

대피소의 이런 체계는 일주일도 안 돼 갖춰졌다. 덕분에 우리는 이재민 진료를 계속할 수 있게 됐다.

혼란스러운 대피소 환경에서 주민들의 '마음 돌봄'을 위해서는 적절한 시스템을 만들어야 했다. 우선 대피소에서 간호사·보건사·정신과 의사가 서로 연계하는 체계가 필요했다.

나는 주로 낮에 대피소를 찾았는데, 밤이 되면 사람이 늘어났다. 대피소에서 출근하거나 부서진 집에 짐을 가지러 간 사람들이 돌아오기 때문이다. 사람이 많아지자 공간이 좁아지는 데다 술을 마시는 사람도 있어서 다툼을 막을 방법이 없었다.

대피소가 된 학교는 어디든 교장 선생님이 총괄 책임자 역

---

* 주로 보건소에 근무하면서 지역 주민의 건강 상담과 생활 개선을 지원하는 보건 의료 인력.

할을 맡고 있었다. 그래서 교장 선생님들의 스트레스도 상당했다. 서로 모르는 사람이 수백, 수천 명 모여 있으니 갈등이 생길 수밖에 없었다.

하지만 사람들은 나름대로 질서를 가지고 불편한 생활을 이어 갔다. 30만 명이라는 숫자는 도시 전체가 대피한 것과 다름없는 규모였다. 이는 역사상 처음 겪는 사태였다.

사람들은 대피소를 쉽게 떠날 수 없다. 물론 대피소의 문은 열려 있고, 원한다면 나갈 수 있다. 하지만 한 치 앞도 보이지 않는 이런 상황에서는 어디에도 갈 수 없다. 대피소는 그야말로 '난민 캠프'를 방불케 하는 가혹한 공간이었다.

건물과 고속도로가 처참하게 무너진 모습이야 텔레비전에서 볼 수 있다. 그러나 대피소에서 생활하는 주민들의 고통은 결코 텔레비전에서 볼 수 없다.

자원봉사 열풍과 갈등

대지진 후 일주일 정도는 자발적으로 찾아온 자원봉사자들의 활약이 컸다. 정부도 이번만큼은 민간 차원의 지원이 얼마나 중요한지 인정하지 않을 수 없었다.

그런데 이런 일이 보도를 통해 알려지자 이른바 '자원봉사 열풍'이 불어 여기저기에서 돕겠다고 나서는 사람들이 나타났다. 내가 전해 들은 분야는 정신보건·정신과 의료 일부에 불과하지만, 자원봉사 열풍은 민간 영역에서만 분 것이 아니었다. 지자체와 각종 단체들도 앞다퉈 파견을 신청했다. 현지에서는 이것을 일명 '뒤처지면 안 돼 증후군'이라 부르기도 했다. 마치 '저 사람이 가면 나도 가야지' '저 지역이 간다면 우리도 가자'라는 식이었다.

대지진 직후의 혼란이 어느 정도 가라앉자 의료 지원 활동은 자원봉사 의료진 중심에서 지자체가 파견한 의료진 중심으로 바뀌었다. 지자체에서 파견돼 마지못해 온 의사 중에는 경솔한 언행으로 주민들을 화나게 하는 사람도 있었다.

나는 지원에 대해 부정적으로 왈가왈부할 생각은 없다. 재난 초기에 여러 지원이 쏟아지는 모습을 보며 우리는 가슴이 벅차오를 만큼 감사했다. 대다수 주민도 마음이 든든했을 것이다. 실제로도 재난 규모가 클수록 많은 지원이 필요하다. 나는 한신 대지진 당시의 지원이 과했다고 생각하지 않는다.

하지만 대규모 지원 과정에는 여러 가지 복잡한 문제가 발생한다. 지원 활동이 또 다른 새로운 혼란을 낳는 것이다. 오해를 무릅쓰고 이 문제에 관해 이야기하고 싶다.

우선 어디를 창구로 정해 어떤 형태로 지원을 받을지의 문제가 있었다. 처음에는 고베시, 효고현, 구청, 보건소, 병원으로 다양한 사람들의 문의와 지원 신청이 들어왔다. 이후 정신보건에 관해서는 '현립 정신보건 복지 센터'가 창구 업무를 일괄하게 됐다. 그날부터 센터의 전화기는 쉴 새 없이 울렸다. 이는 비유가 아니라, 말 그대로였다.

내가 근무하는 병원에도 자원봉사 문의 전화가 여러 건 걸려 왔다. 예를 들면 개인적으로 자원봉사를 하고 싶은 사람이 갑자기 전화를 걸어 "뭔가 도울 수 있는 일이 없나요? 사흘만이라면 갈 수 있거든요"라고 말하는 식이다. 많은 사람이 2, 3일 동안 뭔가 도울 수 있는 일을 찾지만, 안타깝게도 정신과 의료 현장에서 단기간에 할 수 있는 일은 거의 없었다.

우리는 자원봉사를 하고 싶어 하는 사람들의 마음이 고마웠다. 그래서 비록 거절하더라도 그 사람의 선의에 상처를 주고 싶지 않았다. 문제는 그러다 보니 거절하는 이유를 장황하게 설명하게 됐다. 혹여 도움을 받게 되더라도, 마찬가지로 현지 상황을 하나부터 열까지 다 설명해야 했다.

게다가 조심스럽게 자원봉사를 문의하는 전화만 오는 건 아니었다. 재난 지역의 상황을 잘 모른 채 뭐든 물어볼 작정으로 전화를 거는 사람들도 많았다.

어느 공공 기관 소속 의사는 녹초가 다 된 얼굴로 말했다.

"대체 무슨 생각을 하는 건지 모르겠어요. '거기까지 어떻게 가면 되느냐' '지도가 필요하다' 심하면 '마중 나와 달라' '숙소를 제공해 달라' 같은 문의도 와요."

많은 사람이 살 곳을 잃고 대피소에서 지내는 마당에, 무슨 수로 숙소를 마련하라는 걸까! 하지만 현지 의료진은 이런 질문에 하나하나 응해야 한다. 물어보는 사람은 한 번뿐이지만, 답하는 사람은 같은 설명을 몇 번이나 해야 한다.

이처럼 대규모로 재난 지원을 받을 때는 어딘가에서 자원봉사 지원자를 관리해야 한다. 필요한 장소에 필요한 만큼의 인력을 배분해야 하기 때문이다.

한편 자원봉사자와 이재민, 현지 의료진 간에 발생하는 갈등은 한층 복잡했다. 나는 이 갈등에 관한 이야기를 여러 곳에서 들었다. 그럴 만도 하다. 대피소는 자원봉사자들과 지자체에서 파견한 지원 인력들로 넘쳐 났다. 여러 지역에서 온 사람들이 쉴 새 없이 교대했다. 어제 본 의사가 오늘은 떠나고 없다. 하지만 재난 지역 주민들은 줄곧 그 자리에 있다. 단적인 예로 규슈에서 온 의사와 아이치에서 온 사회복지사가 어느 대피소에 환자를 보러 갔다. 지금은 두 사람 모두 고베를 떠났고, 다른 인력으로 교체되었다. 이런 일이 여기서는 지극히 자연스러웠다.

긴급 상황에서의 재난 지원은 본래 이런 형태일 수밖에 없을지도 모른다. 하지만 재난 지원과 자원봉사 활동을 잠깐의 유행으로 끝나게 하지 않기 위해서라도, 지원이란 무엇이고 어떻게 해야 할지 다시금 생각해 볼 필요가 있다.

마음 돌봄 강연회에서

효고현은 [1995년] 2월 9일, 한 대피소에서 "이재민의 마음 돌봄"이라는 제목의 강연회를 열었다. 강사는 방재 심리학자 하야시 하루오 씨였다. 마음 돌봄에 관한 강연회로서는 가장 먼저 마련된 자리였을 것이다.

대피소가 된 학교의 교장 선생님이 직접 교내 방송으로 주민들에게 강연 참석을 독려했다. 관심 있는 분은 들으러 오세요, 라는 조심스러운 호소였다. 해 질 무렵이 되자 대피소 주민들이 교실로 하나둘씩 모여들었다. 다 합쳐 20명 정도였다. 나도 그곳에 있었다.

당시 강연에 대해 나는 '대피소 주민들을 모아 놓고 이야기를 해봤자 무슨 도움이 될까' 생각하며 다소 회의적이었다. 그런 생각이 들 수밖에 없을 정도로 대피소의 현실은 가혹했다.

하지만 하야시 씨는 차분한 말투로 재난 경험이 갖는 의미에 관해 이야기했다. 전문 지식을 늘어놓지 않고 주민들을 위로하는 데만 집중했다. 청중들은 당혹감과 피로 때문에 불안한 표정을 지으면서도 이야기에 귀를 기울이는 듯했다.

"이렇게나 큰 재난을 겪으신 거예요. 여러분은 앞으로의 인생에서 이 경험을 잊고 살아갈 수 없겠죠. 하지만 이 고통스러운 경험에서도 뭔가 귀중한 걸 얻을 수 있을 거예요."

하야시 씨는 이런 말로 강연을 마무리했다. 내 안에 여운을 남긴 말이었다. 그 뒤로 나는 몇 가지 생각을 했다.

첫 번째로, 정신과 의사로서 '의료'적 관점에서만 '마음 돌봄'을 바라봤다는 반성이다. 의료적 관점에서는 긴급하고 중증인 사람이 우선 치료 대상이다. 단적인 사례가 응급 의료이고, 정신과 구호 활동은 바로 이런 응급 의료였다. 응급 의료의 관점으로 보면 일반적인 이재민은 '환자'가 아니었다. 하지만 언론은 이재민들의 마음 돌봄에 주목했고, 이에 대한 세간의 관심도 높아졌다. 의료와는 다른 관점에서 '정신보건'의 방향을 고민해야 했다. 하지만 평소 병원에서 환자들을 진찰하는 의사들에게 이런 관점의 전환은 의외로 어려운 일이었다.

대지진 후 시작된 마음 돌봄 활동에는 정신과 의사들뿐만 아니라 임상심리사나 상담사도 열심히 참여했다. 이재민 전체에 대한 돌봄이라는 점에서는 정신과 의사보다 더 다각적인 조치가 이루어졌을 것이다. 나는 이들의 활동을 어렴풋이 알고는 있었지만 구체적인 접점이 없었다. 이는 앞으로 반성해야 할 지점이다.

두 번째로, 그렇다면 이재민을 대상으로 어떤 돌봄이 가능한가 하는 물음이다. 이 물음은 나중에 전문 기관으로 설립된 '마음돌봄센터' 활동으로 이어졌다. 하지만 강연회 당시의 나는 구체적인 방법을 전혀 떠올리지 못했다. 일단은 대피소에 가자는 마음으로 움직인 것이다.

어떤 시도가 화제에 오를 때마다 오히려 그것을 부정하려는 마음이 컸다. 이야기를 한들 무슨 도움이 될까, 그림을 그리게 한들 무슨 도움이 될까, 위문을 한들 무슨 도움이 될까. 하야시 씨의 강연 전에도 나는 주민들에게 그런 이야기를 들려준다고 무슨 도움이 될까 싶어 회의적이었다.

그러나 뒤에서도 언급하겠지만, 그건 나의 부정적인 태도 때문이었다. 하야시 씨의 강연을 들은 건 잘한 일이었다. 이런 강연도 마음 돌봄이 될 수 있다는 걸 알았다. 즉, 재난 직후 상황에서는 무작정 돌봄을 시도하기보다는 오히려 이재민들을 배려하는 말을 건네는 것이 중요하다. 이야기를 나누거나 함께 그림 그리기, 연예인의 위문도 그런 의미에서 모두 귀중한 지원이 될 수 있었다.

이후에도 효고현은 여러 곳에서 이재민을 위한 강연회를 열었다.

3

지진이 불러온

정신질환

재난 조증

의외로 대지진 직후에는 '조증' 양상을 보이는 사람이 많았다. 이렇게 생각한 건 나뿐만이 아니었다. 지진이 일어나고 2주 정도가 지났을 때 만난 고후 병원의 야마구치 나오히코 원장도 같은 이야기를 했다. 우리는 이 증상을 임시로 '재난 조증'이라 불렀다.

일반적으로 조증은 우울증의 반대니까 기분이 좋아지고 즐거워지는 병이라고 생각하는 사람이 많을 것이다. 하지만 '재난 조증'은 전혀 즐거워지는 병이 아니다.

중년 여성 A 씨는 조울증이 있었지만 최근 몇 년간 안정된 생활을 하고 있었다. 그런데 대지진으로 집과 일하던 찻집이 모두 무너졌다. A 씨는 노모와 함께 오사카의 여동생 집으로 대피했다.

2주 정도가 지나자 A 씨의 어머니로부터 전화가 걸려 왔다.

"지진 후에는 멀쩡하니 괜찮았는데요. 점점 물이 없다는 둥, 먹을 게 없다는 둥 흥분해서 진정을 못 해요……."

나는 A 씨를 바꿔 달라고 했다. 갑자기 무슨 말인지 알아들을 수 없을 정도로 큰 목소리가 수화기에서 날아들었다.

"아, 선생님. 저희 집이 무너진 땅에, 게다가 엄마 전화선이, 신고베 역에서, 저희 제부가 어제 밥을 먹으면서……."

무슨 말인지 도통 갈피를 잡을 수 없었다. 엄청나게 빨리 말하는데다, 한 문장을 끝내기도 전에 새로운 이야기가 튀어나왔다. 나는 A 씨가 무슨 말을 하는지 거의 이해하지 못했지만, 잘 들어 보니 집과 일에 관한 이야기인 것으로 보아 미래에 대한 A 씨의 불안이 느껴졌다. 그녀는 얼마 뒤, 오사카의 병원에 입원했다.

다른 사례도 있다. 중년 남성 B 씨는 수년 전에 조울증에 걸려 조증과 우울증을 경험한 뒤, 1년 전 마침내 우울 상태에서 벗어나 직장에 복귀한 상태였다. 그런데 대지진으로 그의 집과 회사가 모두 불타 버렸다.

B 씨는 부인과 함께 아들 집에 신세를 졌다. 하지만 대지진 후 며칠이 지나 조금씩 가게들이 문을 열자 갑자기 장을 보겠다며 온 동네를 돌아다녔다. 대부분 당장 필요하지 않은 물건이었다.

아들이 말리자 그는 불같이 화를 냈다.

"큰 여진이 오면 어쩌려고!"

불안 속에서 흥분이 높아져 몸과 마음이 모두 이른바 풀가 동 상태였던 것이다. 작은 일에도 죽을 듯이 달려드는 B 씨를 말리던 가족들은 녹초가 되었고, 결국 B 씨는 입원했다. 하지만 입원 후 병세가 급속히 안정돼 2주 정도가 지나자 퇴원했다. 이는 일반적인 조증의 경과치고는 대단히 빠른 회복이었다.

또 다른 중년 남성 C 씨는 지진 직후 집 근처에서 큰불이 났다. 집 코앞까지 불길이 덮쳐 와서 사람들과 함께 도망쳤다. 다행히도 불길은 집에 옮겨 붙지 않았다.

그러나 며칠 뒤 그는 서서히 조증 상태에 빠져들었다. 밤에도 잠을 자지 않고, 여기저기 전화를 걸어 주식을 사고, 가족에게 호통을 쳤다. 결국 가족들에게 이끌려 병원에 온 C 씨는 대기실에서도 침을 튀겨 가며 쉴 새 없이 떠들었다. 정치 이야기, 대지진이 일본 경제에 미칠 영향 등 거창한 이야기를 쏟아 냈다. 나는 그의 말을 듣고 깜짝 놀랐다.

"집을 잃은 사람이 수두룩한데 우리 집은 무사했어. 다행이지만 면목이 없어."

다행이지만 면목이 없다. 이것은 내가 느낀 감정이기도 했다. 집이 무너지지 않아 안도한 동시에 어딘가 마음이 꺼림칙했다. 심지어 그의 집은 주위를 잿더미로 뒤바꾼 화재에서 간신히 살아남았다. '우리 집만 화재를 피해 살아남았다'라는 죄책감은 나보다 훨씬 컸을 것이다.

C 씨는 정치나 행정에 대한 비판을 쏟아 낸 뒤 고개를 떨구고 가로저으며 말했다.

"혼자 있게 해줘. 편안하게 있고 싶어. 아무것도 보고 싶지 않아. 조용히 있고 싶어."

이런 사례의 공통점은 두 가지다. 강한 불안이 흥분을 불러일으킨다는 점, 그리고 위기 상황에서 '뜻밖의 초능력'을 발휘하듯 에너지가 뿜어져 나온다는 점이다. 그러므로 조증이라고 해서 기분이 좋아지는 건 아니다. '뭐든 해야지'라는 강한 초조함이 흥분 상태를 만들 뿐이다.

미래에 대한 불안도, 뜻밖의 초능력도, 살아남았다는 죄책감도 재난 지역에서는 드물지 않았다. 우리는 이런 분위기 속에서 생활했다. 주민 상당수가 지진 후 1, 2주 동안 조증 상태였다. 결코 일부 환자에게서만 나타난 일이 아니었다.

비상사태를 극복하기 위해서는 '축제'를 열 때와 같은 고양감이 필요한 법이다. 이런 고양감 속에서 평소에 말을 걸지 못했던 이웃에게 말을 걸고, 어쩌다 마주친 사람을 도와주고, 복구 작업에 힘을 쓰는 것이다. 이는 일종의 생존 본능이라고 해도 좋다. 오스트레일리아의 재난 심리학자 비벌리 라파엘 Beberly Raphael은 이런 상태를 "재난이 야기한 각성과 흥분"이라

고 부르고, 이는 경계 반응의 하나로서 "자기 자신과 소중한 타인을 지키기 위해 적절한 행동을 촉구하는 반응"(ラファエル 1989)이라고 설명했다. 조울증 환자들의 경우, 각성과 흥분이 평소보다 심해질 것이다. 또 그와 반대로, 오랜 세월 우울증이나 강박신경증에 시달린 환자들 중에는 지진 직후 오히려 기운을 되찾고 병이 나은 것 같더라는 이야기도 많았다.

예를 들면 50대 여성 D 씨는 만성 우울증으로 최근 몇 년 간 집 안에 틀어박혀 지냈다. 그런데 지진 이후에는 오히려 가족과 함께 물을 길으러 가거나 장을 보러 나가면서 집안일을 돕게 됐다. D 씨의 딸은 엄마가 오랜만에 웃음을 되찾았다며 기뻐했다. 하지만 2개월이 지나 생활 기반 시설이 복구되고 이전의 생활로 돌아가자 D 씨는 다시 예전의 우울 상태에 빠져들었다.

30대 여성 E 씨는 5년 전부터 강박신경증을 앓았다. 그녀는 주로 확인 강박이라는 증상에 시달렸다. 외출할 때는 문단속이나 복장이 신경 쓰여 몇 번씩 확인하는 일을 거듭했다. 순서나 형식에 극도로 집착해서 물건을 정리하기 시작하면 끝이 나질 않았다. 깔끔한 것을 좋아해서 뭐든지 청결하지 않으면 마음이 놓이지 않았다. 신경 쓰이는 일을 하나씩 메모하면 그양이 너무 많아져서 혼란 상태에 빠졌다.

E 씨의 집은 대지진으로 반파됐다. 물이 없어 목욕도 못 하고 집 안은 어질러졌다. 그런데 E 씨의 강박 증상은 오히려 일시적으로 가벼워졌다. 그녀는 일상생활을 위해 열심히 물을 길으러 가거나 장을 봤다. 하지만 증상이 가벼워진 건 한 달 정도뿐이었다. 나중에 그녀는 그 무렵을 떠올리며 이렇게 말했다.

"당시엔 온 동네가 난장판이었으니까 깔끔하지 않아도 괜찮았어요. 다들 이른바 이재민 패션(운동화에 배낭)이었으니까 멋을 낼 필요도 없었고."

A 씨와 B 씨의 조울증을 악화시킨 '각성과 흥분'이 D 씨와 E 씨에게는 오히려 증상을 경감하는 방향으로 작용한 것이다.

이런 고양감은 대지진 직후 일시적으로 개인을 넘어 재난 지역 전체에 퍼져 있었다. 그것은 '부흥'이라 불리는 일종의 '축제'였다. 언론은 사소한 일도 '부흥'의 싹이라고 떠들어 대며 연일 재난 지역에 힘을 불어넣었다. 교통망, 생활 기반 시설, 건물 복구, 전국에서 쏟아지는 응원, 밤새도록 이어지는 작업……. 힘내라, 힘내라.

대지진 이후 한 달이 지날 무렵부터 나는 이 고양감이 급속도로 희미해지는 것을 느꼈다. '부흥'이라는 이름의 축제가 고마운 한편 피로감을 느끼기 시작했다. 마음속에서는 부흥의 축제가 빨리 끝나기를 바라는 마음과 끝나면 어떻게 될까 하는 두려움이 복잡하게 얽히고 충돌했다. 물론 이 고양감을 깨고 싶지 않은 마음도 있었다.

정신질환의 재발과 악화

정신질환이 있는 사람들에게 대지진은 큰 스트레스였다. 내가 담당한 환자들 중에도 비교적 안정된 경과를 보이다 재난 후 급격히 증상이 악화된 이가 몇 명 있었다. 어느 정신과 병원이든 환자 수가 부쩍 늘었다.

조현병 환자인 중년 여성 F 씨는 어머니와 둘이 살고 있었다. 그녀는 10년 넘게 눈에 띄는 증상 없이 안정된 상태였다. 다만 의욕이 부족해서 어머니의 집안일을 돕는 정도의 생활에 만족하며 지내고 있었다. 어딘가 차분한 분위기를 풍기는 조용한 사람이었다.

그런데 지진으로 집이 완전히 무너지고 근처 초등학교에서 대피소 생활이 시작됐다. 대피소에는 비교적 고령자가 많았고 40대 초반의 F 씨는 젊은 편이었다. 그래서 물을 길어 오거나 구호물자를 운반하는 등 힘쓰는 일을 맡을 때가 많았다. 정신질환으로 이전부터 행동이 민첩한 편이 아니었던 F 씨에게는 대피소에서의 역할이 버거웠다. 한 주민이 F 씨에게 일솜씨가 서툴다며 타박했다. 꾸지람을 들은 그녀는 어찌할 바를 몰라 쩔쩔맸다.

병원에 온 F 씨는 멍한 얼굴로 입을 다물고만 있었다. 내가 "어디가 불편하세요?"라고 물어도 답하지 못했다. 정신의학에서는 이처럼 주위 상황에 반응할 수 없는 상태를 '당혹감'perplexity 이라고 부른다. 10년도 넘게 안정된 경과를 보였는데 증상이 재발한 것이다.

옆에서 그녀의 노모가 눈이 빨개진 채 하소연했다.

"우리 딸은 병이 있어서 일을 할 수 없는데, 다른 사람들이 이해를 안 해줘요. 게으름을 피운다고 핀잔도 실컷 들었고요. 우리가 여자니까 만만하게 보는 거예요. 그게 너무 화가 나요."

나는 입원을 하거나 대피소를 벗어나 다른 곳에서 지내보라고 권했다. 결국 노모는 교통이 끊겨 불편한 와중에도 딸을 데리고 어렵사리 다른 지역으로 떠났다.

그 후 반년이 지나고 F 씨는 고베에 돌아왔다. 친척 집에서 가장 가까운 병원에 다니며 몇 주 만에 안정을 찾았다고 한다. "친척이 있어서 다행이에요"라고 말하며 미소 짓는 F 씨의 표정은 예전의 차분한 얼굴로 돌아와 있었다.

그런가 하면 일흔을 넘긴 치매 노인 G 씨는 동네에서 오래

전부터 가게를 운영했다. 치매가 상당히 진행된 상태였지만 가족의 도움을 받아 그럭저럭 일상을 꾸려 가고 있었다. 매일 가게를 청소하고 산책을 하거나 지인과 담소를 나누기도 했다. 그런데 지진으로 집도 가게도 완전히 무너지고 말았다. 주변 건물들의 피해도 심각해서 주위 상황이 순식간에 달라졌다.

G 씨는 두 정거장쯤 떨어진 아들 집으로 피난을 갔다. 하지만 아들 집에 적응하지 못해 자주 집 밖을 배회하다가 길을 잃곤 했다. 무너진 자택 근처 파출소에서 G 씨를 보호해 준 적도 있었다. 아들은 G 씨가 이전보다 훨씬 엉뚱한 소리를 하기 시작했다고 말했다.

진찰실에서 G 씨는 눈을 크게 뜨고 잔뜩 굳은 얼굴이었다. 하지만 어딘가 생기가 없고 입가가 작게 떨리고 있었다. 나는 "올해는 몇 년인가요? 여기가 어디죠?"라고 물었다. 이것은 지남력指南力이라고 하는, 현재 자신의 시간적·공간적인 위치를 제대로 인식하는 능력을 확인하기 위한 질문이다. G 씨는 지금이 '1985년'이라고 말했고 여기가 어디인지도 답하지 못했다. 그 외에 여러 가지 검사를 해본 결과, 이전보다 치매 증상이 진행된 상태였다. 증상은 대지진 충격으로 인해 일시적인 것일 수도 있고 앞으로 계속 심해질 수도 있었다. 다만 가족들은 G 씨를 돌볼 여력이 남아 있지 않았다. G 씨가 밖에서 배회하는 것을 막기 힘들었다. 결국 G 씨는 사고를 예방하기 위해 노인 병원에 입원하게 됐다.

치매 노인은 지적 기능이 떨어지더라도 친숙한 환경에서는 나름대로 안정적으로 지내는 일이 많다. G 씨 역시 인지 기능은 떨어지고 있지만 익숙한 풍경과 물건에 의지해 습관적으로 생활할 수 있었다. 하지만 지진은 주위의 풍경을 바꿨다. G 씨의 세계를 이루던 것들은 대부분 부서져 버렸다. 그 결과, 단서를 잃은 G 씨는 자신이 있는 곳과 시대를 파악할 수 없게 된 것이다.

앞서 F 씨처럼 대지진 후 비교적 일찍이 정신과를 찾은 사람들은 대체로 이전에 치료를 받은 경험이 있었다. 그중에는 증상이 가라앉아 안정된 생활을 보내던 사람도 적지 않았다. 그러나 대지진 이후 정신적 타격과 재난 지역에서 생활하는 스트레스는 가라앉았던 증상을 악화시켰다.

노년 치매는 뇌에 원인이 있는 질병이고, 조현병 또한 뇌 신경전달물질의 이상이 원인으로 알려져 있다. 그러나 뇌에 기반한다 해도 그 증상은 환경의 영향을 크게 받는다. 오히려 뇌가 일종의 가역성(유연성)을 잃어버렸기 때문에 환경 변화에 적응하기가 어려워진 것이다.

재난을 당하는 일은 극단적인 사례일지도 모른다. 하지만 재난 상황에서 환자를 둘러싼 환경의 중요성을 되돌아보는 것도 중요하지 않을까. 정신질환이든 신체 질환이든, 많은 환자의 환경이 대지진으로 급격히 달라졌다. 살던 집, 다니던 병원, 담당하던 의사, 도움을 주는 이웃 등을 잃은 사람들이 병을 품고서 새롭게 살아갈 환경을 되찾기까지는 앞으로 더 많은 시간이 걸릴 것이다.

이후의 조사에 따르면, 대지진 직후 2주간 재난 지역에서 효고현 내 정신과 의료 시설에 입원한 사람은 550명에 달하고, 다른 지역에 입원한 사람까지 더하면 그 숫자가 평상시의 세 배를 훌쩍 뛰어넘는다고 한다. 그리고 그들 대다수가 "미치료·치료 중단 환자의 급성 재발"이었다(岩尾俊一郎 1996).

여전히 입원 중인 사람도 많다. 복구가 충분히 이루어지지 않은 상황에서 그들이 사회에 복귀하기 위해서는 많은 도움이 필요할 것이다.

응급 환자들

대지진 후 한 달이 지나기 전에 일찍 정신과를 찾은 사람들 중에는 과거 정신과 치료 경험이 있는 재발 환자뿐만 아니라 대지진을 계기로 처음 병원을 찾은 사람도 있었다.

중년 남성 H 씨는 자살을 시도했다가 응급실에 실려 왔다. 평소에 먹던 심장병 약을 한꺼번에 삼켰다. 다행히 생명에는 지장이 없어서 정신과로 보내졌다.

그는 언뜻 봐서는 자살을 기도할 사람으로 보이지 않았다. 초조해하며 다소 절망한 듯 보였지만, 자신의 상황을 내게 다음과 같이 설명해 주었다.

H 씨는 예전부터 지병인 심장병 때문에 일을 계속하지 못해 초조해진 마음을 아내에게 화풀이할 때가 많아 사이가 좋지 않았다. 그러다 지진으로 집이 아수라장이 됐다. 건물이 무너지지는 않았지만 엘리베이터가 움직이지 않았고, 물도 전기도 끊어져 도저히 생활할 만한 환경이 아니었다. 하는 수 없이 그는 처갓집에 갔지만, 이전부터 장모와도 사이가 나빴다. 결국 장모와 말다툼을 하고 집을 뛰쳐나와 자포자기의 심정으로 약을 먹고 자살을 시도한 것이다.

"저는 형제가 일곱인데, 근처에 사는 형제들은 집이 무너져 버렸어요. 하지만 그 집(처가)에는 이제 안 갈 겁니다. 아무 대피소라도 갈래요."

나는 만일을 위해 하룻밤이라도 입원해서 상태를 보지 않겠느냐고 권했지만, 그는 내 말을 뿌리치고 자리를 뜨려 했다. 돌아가겠다고 버티는 H 씨를 몇 번이나 말리며 실랑이를 했지만, 결국 그는 어두운 밤중에 병원에서 자취를 감췄다.

H 씨는 대지진 전에 정신과 진료를 받은 경험이 없었다. 이번 자살 기도는 충동적인 행동이었지만, 그 배경에는 최근 몇 년간 일상에서 받은 극심한 정신적 스트레스가 있었다. 심장병과 가족과의 불화 때문에 H 씨는 신경이 날카로워져 있었고, 대지진은 그의 대인 관계와 생활의 균형을 무너트린 것이다.

또 다른 인상적인 사례가 있다. 부모와 딸 세 식구가 다 함께 자살을 기도해 병원에 실려 왔다. 이 가족은 지진으로 집이 무너져 근처 학교로 피난했다. 그런데 서른 살 딸이 대피소의 다른 사람들이 자신을 싫어하는 게 아닌지, 험담하는 건 아닌지 불안에 시달리기 시작했다. 심지어 집에서 들고 간 담요가 남들보다 많다고 미움을 사지는 않을까 하는 걱정까지 했다고 한다.

일가는 대피소를 떠나 며칠간 공원에서 노숙한 뒤 다른 대피소를 전전했다. 불안은 딸에게서 부모에게로 전염됐다. 궁지에 몰린 딸이 자살을 기도하자 부모도 거기에 동참했다. 세 사람은 대학 병원 응급실에 실려 와 처치를 받았고, 다행히도 모두 경상에 그쳤다. 딸은 굳은 표정에 말수도 적었고, 부모는 망연자실한 모습이었다. 결국 가족 전원이 입원을 하게 됐다.

이것은 '공유 정신병' 혹은 '집단 히스테리'라고 하는 상태다. 딸의 피해망상이 점차 부모에게도 번진 것이다. 실제로 평상시에 이웃이 자신의 험담을 하지 않을까, 남에게 미움을 사지는 않을까 걱정하는 사람이 정신과를 많이 찾는다. 인간은 그런 일에 신경이 쓰이는 법이다.

대지진 이전에 딸은 정신과를 다닌 적은 없지만, 일을 진득하게 하지 못했고 사람을 피해 집에만 머물렀다. 아마 남들보다 훨씬 타인의 시선을 의식하는 사람이었을 것이다. 그런 상태에서도 딸은 어떻게든 일상을 유지하고 있었다. 그런데 대지진이 일어나면서 집 밖으로 내던져진 것이다.

대피소는 사생활이 전혀 보호되지 않았다. 많은 가족이 훤히 보이는 상태로 생활했다. 항상 타인에게 둘러싸여 있었으므로 그녀에게는 남들이 자신을 어떻게 생각할지가 사활이 걸린 문제였다.

부모 역시 긴급한 상황 속에서 평소와 같은 대처 능력을 잃어버렸을 것이다. 대지진 직후 피해 지역에서는 이웃 간에 안부를 묻거나 서로 돕는 모습을 흔히 볼 수 있었다. 지진의 충격을 가라앉히기 위해 사람들은 무리를 이루고 싶어 했다. 하지만 이 가족은 대피소에서 안정을 찾지 못하고 재난 지역을 떠돌았다. 사회로부터 고립된 채 가족이 함께 떠도는 생활에서 부모는 딸과 불안을 공유할 수밖에 없었을 것이다.

위의 두 사례는 대지진 후 일주일 이내에 나타난 응급 환자들이다. 모두 정신과 치료 경험은 없지만, 대지진 전부터 정신 건강 상태가 몹시 좋지 않았다는 공통점이 있다. 대지진의 충격으로 이 미묘한 생활의 균형이 무너지자 그때까지 숨어 있던 문제가 드러난 경우다.

중요한 공통점이 하나 더 있다. 그들은 대지진 직후 공포와 불안이 높아진 시기에 마음을 나눌 이웃과 단절돼 있었다. 그래서 안정을 되찾을 장소를 찾아 떠돌 수밖에 없었던 것이다.

전례 없는 재난으로 생긴 심적 외상

한신 대지진은 사람들에게 견디기 힘든 정신적 타격을 입히고 마음에 깊은 상처를 남겼다. 주민 대다수가 잠들지 못하고 소리나 지면의 흔들림에 민감해지는 등 다양한 증상을 겪었다. 기분은 가라앉는데 왠지 신경은 들뜬 듯 흥분 상태였다. 대지진 후 일주일 정도는 이런 증상들이 내 주변에서 자주 화제에 올랐다.

이런 마음의 반응은 그 사람의 정신력이 약해서가 아니라, 인간으로서 지극히 자연스러운, '비정상적 상황에서 나타나는 정상적 반응'이다. 하지만 고통스러운 경험일수록 반응도 격렬한 법이다.

예를 들어 집이 무너진 내 지인은 꿈에서 무너지기 전의 집을 보고 가위에 눌린다고 했다. 또 뭔가에 쫓기는 것처럼 무서운 꿈을 자주 꾸거나 재난 당시의 광경이 머릿속에 어른거리는 사람도 있었다. 친구가 일하는 병원에서는 극심한 공황 발작 증상이 나타나고 착란 상태가 돼 입원한 사람도 있었다고 한다.

이처럼 대지진과 같은 파국적 체험은 다양한 반응을 일으킨다. 이런 증후군을 '외상 후 스트레스 장애'PTSD라고 한다.

외국의 재난 정신의학 연구는 대부분 PTSD를 중심으로 이루어진다. 대다수는 몇 주에서 2, 3개월이 지나면 증상이 가라앉지만, 그 이상 지속되는 사람도 있다. 최근에는 한 달 이내에 증상이 없어지는 경우 '급성 스트레스 장애'Acute Stress Disorder, ASD라고 해서 PTSD와 구별하지만, 심적 외상에 대한 반응이라는 점에서는 둘 다 동일하다. PTSD가 길어지면 알코올의존증이 되기도 하고 우울 상태가 지속되므로 되도록 조기에 적절한 개입이 필요하다.

한신 대지진이 일어난 뒤 언론은 이재민의 마음 돌봄에 관해 발 빠르게 보도했다. PTSD라는 전문용어도 곧바로 알려졌다. 솔직히 말하자면, 평소에 보이지 않는 곳에서 착실히 일하던 정신과 의사나 임상심리 전문가들은 언론의 이런 신속한 보도에 조금 당황했다.

언론은 어째서 이토록 빨리 반응했을까. 단적으로는 사람들이 받은 충격이 너무나 컸던 탓이라고 나는 생각한다. 사망자 수가 많기 때문만은 아니다. 부서진 잔해만 남은 집들과 잿더미로 변한 도시의 영상이 사람들에게 충격을 줬을 것이다.

예를 들어 1월 30일부터 JR도카이도선 고베역의 서쪽 노선이 복구됐다. 전철을 타고 가다 보면 불타 버린 나가타구의 진경이 한눈에 들어왔다. 승객들은 그 처참한 광경에 말을 잃었고, 만원 열차는 숙연함에 휩싸였다. 피해가 적었던 히메지시에서 대학 병원에 진찰을 받으러 온 여성은 내게 그 이야기를 하며 눈물을 뚝뚝 흘렸다. 텔레비전을 통해 본 사람들도 그녀와 마찬가지로 충격을 받고 마음이 동요했을 것이다. '피해를 본 사람들의 충격은 분명 더 크겠지' 같은 생각이 이재민의 마음을 돌봐야 한다는 여론을 만들어 내지 않았을까.

정신과 의사, 임상심리사들도 여기에 보답하고자 자원봉사를 하러 고베에 모였다. 하지만 실제로 무엇을 어떻게 하면 될지, 대체 무엇이 가능할지 명확하게 제시하고 실행에 옮길 수 있는 사람은 없었다. 다들 경험이 없었기에 하나씩 차츰차

3 지진이 불러온 정신질환

츰 알아 가며 나아가야 했다.

이재민의 대다수가 정신적 타격을 입었다는 건 의심할 여지가 없었지만, 그들이 속속 병원에 찾아오는 건 아니었다. 병원에서 환자들을 기다리고만 있어서는 안 되겠다고 생각했다. 대피소에서 PTSD를 겪는 사람이 많을 게 분명했다. 그래서 나는 자원봉사 의사들과 함께 대학 병원에서 가까운 대규모 대피소였던 미나토가와 중학교를 찾아갔다.

대피소에는 불면과 긴장감 등을 호소하는 사람이 많았다. 그것은 커다란 정신적 스트레스를 겪은 사람에게서 나타나는 공통적인 반응이었다. 그런 의미에서는 이재민 전원이 부분적으로나마 PTSD 증상을 보였다고도 말할 수 있다. 하지만 그중에서 엄밀하게 PTSD로 진단할 수 있는 사람은 얼마나 될까. 나는 판단이 서질 않았다. 물론 대피소에서 잠깐 나눈 대화 내용만으로 진단해서는 안 되지만, 과거에 내가 진료한 PTSD 환자들과 뭔가 다른 점이 느껴졌다.

내가 이전에 진료한 PTSD 환자들은 교통사고를 당하거나 가족의 사고사를 목격한 것이 계기였다. 이는 단일한 정신적 타격에 대한 반응이었다. 또한 이들에게는 마음의 상처가 된 체험을 나눌 사람이 없다는 고독감이 강했다.

그러나 이번 대지진은 단순하지 않았다. 정신적 타격은 지진의 충격에서 그치지 않았다. 화재와 집의 붕괴, 재난사 목격 등 다양한 충격들이 복합적으로 나타났다. 또한 지진 후에도 안전한 장소에서 쉬지 못하고, 사생활이 없는 대피소 생활이 장기간 이어졌다. 집에 있는 사람도 무너져 가는 집에서 마음 졸이며, 교통이 끊겨 이동도 마음대로 할 수 없고, 수도와 가스가 멈춘 불편한 생활을 해야 했다.

하지만 이재민은 예상을 뛰어넘는 숫자였다. '나만 이렇게 된 것이 아니다'라는 의미에서 얕은 차원이나마 외상 체험이 공유됐다고 할 수 있다. 사망자와 이재민의 숫자, 피해 지역의 범위까지, 이런 대규모 도시 재난은 지금까지 재난 정신의학에서 전례가 없었다. PTSD의 원인은 단순하지 않다. 우리가 체험한 것은 대도시의 기능 붕괴와 관련된 '마음의 상처'였다.

그런 의미에서 오로지 정신의학과 정신보건 전문 기관에만 '마음 돌봄'의 책임이 있는 것은 아니다. 증상이 심해진 사람은 병원을 찾아오겠지만, 한편으로는 재난 스트레스가 마음의 상처가 되어도 병원을 찾지 않는 사람들이 몇십만 명이나 있었다. 마음 돌봄은 모든 이재민에게 필요한 만큼 이재민을 접하는 모든 기관이 마음 돌봄을 자각하고 있어야 할 것이다.

거창한 생각이지만, 마음 돌봄이 사회 전반에 널리 퍼진다면, 그것이야말로 주민이 존중받는 사회를 만드는 일이지 않을까. 나는 이것이 사회의 '품격'과 관련된 문제라고 생각했다. 재건 과정에서 우리는 보상 문제나 재산 피해 신고, 생활 자금 대출 등 까다로운 일들을 연달아 겪을 것이다. 이런 문제들은 평상시에도 갈등이 생기기 쉬운 법이어서 불공평하다고 느끼는 사람들이 반드시 생겨날 것이다. 결과에 납득하지 못하는 사람들은 자신들이 존중받지 못했다고 느낄 것이 분명하다.

결국 마음 돌봄이 단순한 구호로 끝나지 않기 위한 구체적인 방안이 앞으로 더욱더 필요할 것이다.

PTSD

J 씨의 경우

이재민 대다수가 정신적 타격을 입었고 부분적으로 PTSD 증상을 보였다. 그렇다면 확실하게 PTSD 진단을 받은 사람들은 어땠을까.

나카이 히사오 교수의 요청으로 1월 말부터 대학 병원에 자원봉사 정신과 의사들이 3~5일씩 교대하며 꾸준히 찾아와 주었다. 나는 이들과 함께 대피소 방문을 시작해 당초 예정돼 있던 미나토가와 중학교뿐만 아니라 고베시 효고구와 주오구의 대피소 몇 군데를 돌아보았다.

그중 한 대피소에 있던 J 씨는 온종일 불안과 긴장 상태에 빠져 있었다. 조금이라도 여진이 오면 지진의 공포가 되살아났다. 음식도 제대로 삼키지 못했고, 다른 사람과 이야기를 나눌 마음도 생기지 않았으며, 밤에는 잠들지 못했다. 그와 관련해 상담을 의뢰받은 자원봉사 의사가 외래 진료에 J 씨를 데리고 와줬다.

진찰실에 처음 온 J 씨는 무표정한 얼굴에 안색도 안 좋고 떨리는 작은 목소리로 겨우 질문에 답했다. 나는 항불안제, 항우울제, 수면 유도제 등을 처방했다. 이후 진찰에서 J 씨는 '외상 체험'에 대해 조금씩 털어놨다.

J 씨가 사는 지역은 대규모 화재가 일어나 전부 불타 버렸다. 그 모습은 뉴스에도 보도됐다. 불길은 그녀가 살던 아파트 바로 근처까지 덮쳤다. 지진의 충격으로 문이 좀처럼 열리지 않아서 탈출에 애를 먹었다. 하지만 집 밖은 더 지옥이었다. 그녀는 남편과 함께 덮쳐 오는 불길 속에서 우왕좌왕했다. 지나가려고 했던 골목이 무너진 집들로 막혀 있어서 몇 번이나 되돌아가야 했다.

길에는 "도와줘요! 누가 좀 도와줘요!"라고 소리치는 사람이 있었다. 가족이 건물에 깔린 게 분명했다.

그녀는 당시에 목격한 광경을 떠올리며 괴로워했다.

"어쩔 수 없었어요. 저도 도망치느라 경황이 없어서 못 도와줬어요. …… 그래서 제 자신을 탓하게 돼요. 지금도 귓가에서 '도와줘요, 도와줘요' 하는 목소리가 들려요. …… 저도 죽었어야 했는데."

"하지만 누구에게도 이런 이야기를 할 수 없어요. 이 마음은 거기 있던 사람만 이해할 거예요. 정말로 지옥이었어요. 모르는 사람에게는 말해 봤자 이해 못 해요."

그녀의 뺨 위로 눈물이 흘렀다.

얼마 후 2월 17일, J 씨는 고베시가 주최한 위령제에 참석했다. 그런데 그때도 귓가에서 '도와줘요, 도와줘요' 하는 목소리가 계속 귓가에 맴돌았다고 한다.

"언제쯤 이 '목소리'에서 해방될 수 있을까요. 평생 이런 마음으로 살아야 할까요?"

그녀는 위령제 행사를 준비하던 공무원이 웃으며 이야기를 나누는 모습을 보고 화가 치밀었다. 몹시 경솔하다는 생각이 들었다. 위령제가 한창 진행될 때도 그녀는 계속 '도와줘요' 하는 목소리에 시달렸다. '이렇게 엄청난 일이 일어났는데, 저렇게 마음 편해도 되는 걸까. 나는 그럴 수 없어'라는 마음이 가득했다.

J 씨는 대피소에 있는 자원봉사 학생들도 견디기 힘들었

다. 대피소에는 학생 자원봉사자들이 많이 왔는데 그들은 봉사 기간이 지나면 교대하고 떠나 버렸다. 자원봉사 마지막 날에는 대피소 안에서 뒤풀이를 했다. 어느 날 그녀가 잠들지 못하던 차에 젊은 자원봉사자들이 떠드는 소리가 늦은 시간까지 들려왔다. 그녀는 작정하고 항의하러 갔다. 결국 인솔하던 학생이 사과를 했지만, 불만을 제기한 자신이 어쩐지 차가운 눈초리를 받는 것 같아 몹시 억울한 마음이 들었다.

대피소 일을 돕거나 남편과 이야기할 때는 잠시나마 기분이 풀렸지만, 혼자가 되면 '도와줘요' 하는 목소리가 귓가를 떠나지 않아 고통스러웠다. 밤에 깊이 잠들지 못해 꾸벅꾸벅 졸다가 공포스러운 광경이 되살아나 소리를 지르며 눈뜨는 일이 매일 밤 되풀이됐다. 그녀는 그럴 때마다 여진이 걱정돼 남편을 깨웠다. 남편은 자상한 사람이었지만 "나도 같은 일을 겪었는데, 언제까지 당신만 그런 소리를 할 거야"라며 화를 내기도 했다.

J 씨는 내가 처방한 신경안정제를 먹고 잠도 확실히 잘 자고 기분도 다소 차분해졌다. 하지만 그것만으로는 충분하지 않았다. J 씨에게는 대체 어떤 전문적 도움이 필요할까. 그녀에게 도움이 될 만한 조언이 있을까.

나는 그저 경청하는 수밖에 없다고 생각한다. '정신 차려라' '신경 쓰지 마라' '마음을 밝게 가져라' '운동을 해라' 같은 조언은 그녀에게 와닿지 않을 것이다. 나는 그녀의 이야기를 끊지 않고 비판이나 해석도 하지 않고 오로지 듣기만 했다.

그러나 J 씨가 초진 때부터 감정을 술술 털어놓은 건 아니다. 자기가 느끼는 고통의 윤곽을 마침내 말할 수 있게 된 건 진료를 몇 차례 한 뒤부터였다.

대개 마음의 상처가 된 일은 곧바로 이야기하지 않는다. 누구도 남이 내 마음의 상처를 무신경하게 멋대로 건드리기를 바라지 않기 때문이다. 마음의 상처에 관한 이야기는 안전한 환경에서 안전한 상대에게만 조금씩 털어놓을 수 있는 것이다.

이재민의 마음을 돌볼 때는 '안전한 환경' '안전한 상대' '충분한 시간'이 대단히 중요하다. 예를 들어 옆에서 말소리가 들리지 않고 차분하게 이야기할 수 있는 공간을 준비하고, 가족들만 모이는 자리를 마련하며, 같은 의사가 꾸준히 상담에 임하는 체계를 만들어야 한다. 하지만 이것은 대피소에서 무척 어려운 일이었다.

J 씨가 같은 체험을 한 사람이 아니면 이해할 수 없다고 생각하는 건 당연하다. 같은 재난 지역에 살아도 나는 같은 체험을 하지 않았다. 이해한다고 말하는 순간, 내가 보인 태도 그 자체가 거짓이 돼 버린다.

하지만 그녀는 도움을 거부하지는 않았다. 누구도 이해할 수 없다고 여겼지만, 그럼에도 불구하고 이해받길 바랐다. 이해할 수 없겠지만 이해해 주기를 바라는 마음이었다.

이 상반된 감정을 그녀는 어떻게 받아들였을까. J 씨의 회복에 관해서는 뒤에서 다시 한번 다루기로 한다.

4

정신과 자원봉사 활동

자원봉사자 의사들

고베 대학 병원 정신과에는 총 80명이 넘는 자원봉사 의사가 와줬다. 전원이 NGO 자격이었다. 정신과 병동 '세이메이료'淸明寮는 1994년에 리모델링이 막 끝난 참이어서 1층에는 환자들의 주거 공간, 2층은 회의실, 작업 치료실, 면담실 등이 배치돼 있었다. 그런데 재난 이후 2층은 간이 숙소가 돼 재난을 입은 직원, 수련의, 자원봉사 의사들이 여기저기 담요를 깔거나 침낭에 들어가 밤을 보냈다. 인원이 가장 많을 때는 20명이 넘기도 했다.

2월 중순까지 외식을 할 수 있는 곳이 극히 적었기 때문에 병동 2층에서 밥을 짓고 음식을 만들었다. 자원봉사자 중에는 요리 솜씨가 전문가 뺨치는 사람도 있었다. 특히 규슈에서 온 자원봉사자들이 많았기 때문에 모쓰나베나 매콤한 명란젓이 자주 밥상에 올랐다. 나는 음식을 함께 나눠 먹으며 자원봉사 의사들과 이런저런 이야기를 나눴다. 무척 즐거운 시간이었지만, 동시에 제자리걸음을 하는 듯한 조바심도 들었다. 지금 생각하면 자원봉사 의사들과 이야기를 나누는 상황과 재난 지역의 현실 사이 간극이 너무나 컸기 때문이었던 것 같다.

어쩌다 자원봉사 의사들을 조율하는 역할을 맡은 나는 한 달도 안 돼 녹초가 됐다. 식중독이 아니라 '사람 중독'이 나타나기 시작한 것이다. 점점 얼굴도 이름도 기억하지 못하고 업무를 설명하는 일이 괴로워졌다.

어느 날 내 불찰로 자원봉사 의사를 너무 많이 받아 수습이 안 되는 사태가 벌어졌다. 자원봉사자들 간 소통이 원활하지 못해 진료소의 좁은 대기실(보건실을 사용하고 있었다)에 의사들이 북적였다. 나는 여러 대학 병원 정신과에서 온 자원봉사 신청을 거절하고 최종적으로 규슈 대학, 구루메 대학, 나가사키 대학 세 곳에서만 자원봉사자를 받기로 했다. 규슈 대학의 마쓰오 다다시 선생, 구루메 대학의 시라오 잇쇼 선생, 나가사키 대학의 미야하라 아키오 선생이 꼼꼼하게 스케줄을 짜서 자원봉사자들을 파견해 주셨다.

자원봉사 의사들의 활동은 두 가지였다. 대피소에서 정신과 치료를 하거나, 병원에서 재난을 입은 간호사들을 면담하는 일이었다. 그 활동에 관한 이야기를 하고 싶다.

우리는 대피소가 된 미나토가와 중학교를 매일 찾아가 정신과 구호 활동을 벌였다. 초반에는 도쿄의 아오키 병원을 비롯한 여러 병원에서 의료진을 파견했으나, 최종적으로는 구루메 대학과 나가사키 대학 정신과에서 의료진을 대부분 파견해 줬다. 이전부터 두 대학은 교류가 있었는지 연계가 무척 순조로웠다.

앞에서도 말한 것처럼, 미나토가와 중학교 대피소에는 고베시 니시 시민 병원에서 파견된 간호사들이 있었다. 니시 시민 병원이 지진으로 무너지는 바람에 일터를 잃은 간호사들이 고베시의 각 대피소로 배치된 것이다. 미나토가와 중학교에 있던 간호사들은 대부분 집을 잃었다. 그야말로 이재민이 이재민을 돌보는 상황이었다.

자원봉사 의사들은 며칠 간격으로 교대했지만, 간호사들은 계속 남아서 구호 활동에 힘을 보탰다. 그들이 아니었다면 대피소 주민들은 정신과 구호 활동을 달갑게 여기지 않았을 것이다.

이곳 대피소에는 간호사들이 상담이나 진찰을 받은 적 있는 환자의 사례를 꼼꼼하게 기록한 차트가 작성돼 있었다. 덕분에 의사들이 그걸 보면서 마치 하나의 병원처럼 회진하는 시스템이 만들어졌다. 보건실은 병동의 간호사실이나 마찬가지였다. 2월 중순에는 30명이 미나토가와 중학교에서 후속 치료를 받았다.

얼마 후 우리는 미나토가와 중학교를 중심으로 주변 대피소를 돌면서 정신과 상담에 나서기 시작했다. 상담 결과는 그날 업무를 마무리할 때 효고 보건소의 정신보건복지 상담원에게 보고했다. 또한 보건소의 왕진 요청이 있으면 미나토가와 중학교에서 대기하는 의사가 가기도 했다.

한편 규슈 대학 정신과에서 온 자원봉사자들도 2월 초부터 주오구 서쪽에 있는 대피소를 돌기 시작했다. 모두 100~200명 규모의 대피소였다. 그중 자원봉사팀이 꾸준히 진료한 사례는 20건 정도였다.

자원봉사 의사들이 남긴 일지를 살펴보면 정신과의 구호 활동이 어떤 것인지 엿볼 수 있다.

구루메 대학·나가사키 대학 팀의 일지

○○ 씨(남성) 아침부터 음주, 만취 상태, 저녁부터 구토가 이어짐. 급성 알코올중독, 연속 음주 발작. 우선 내과적인 문제도 나타날 가능성이 있으므로 사흘 전까지 뇌경색으로 입원해 있던 Y병원에 입원하기로 함. 2주 뒤 자택으로 돌아갈 예정.

○○ 씨(여성) 입소할 때보다 기이한 행동이 눈에 띔, 조현병 의심, 옆의 할머니가 기침을 하면 때린다. 자기 전에라도 향정신제를 투여할 방침. 남편은 돌아오지 않았음.

○○ 씨(남성, 70세) 독거, 우울 상태, 다소 개선됐으나 때때로 화를 벌컥 냄.

○○ 씨(여성, 40세 정도) 조증 상태, 배급받은 빵을 "더 가지고 가도 되죠?"라며 대량으로 들고 가거나 탬버린을 들고 고글을 쓴 채 공원에서 퍼포먼스를 하는 등 움직임과 말이 많음, 남편에게 연락을 취해 정신과 진료를 받도록 조언.

규슈 대학 팀의 일지

○○ 씨(여성) 지진 후 4, 5일 지나 현재의 대피소로 왔음, 그 무렵부터 현기증, 몸이 붕 뜨는 느낌, 야간에 불면 증상(중도 각성*)이 나타나기 시작함, 본인에 따르면 첫 대피소는 매우 좁아서 공간이 지금의 4분의 1 크기였음, 거기서 아들이 고열에 시달리고, 다른 아들은 천식으로 입원하는 등 정신적 스트레스가 있었음, 1, 2주 전부터 수면제를 복용하고 있음.

○○ 씨(여성, 24세) 생기가 없고 표정도 굳어 있으며 우울함, 사

---

* 잠에서 깬 뒤 다시 잠드는 데 시간이 걸리는 수면 장애 증상.

4 정신과 자원봉사 활동

고 억제*도 가볍게 있는 듯함. 일단 회사에 출근하고 있지만 기운이 없는 것이 눈에 띔. 혼자 살고 있다가 아파트가 무너짐. 본가는 시코쿠. 일단 돌아가는 편이 나을 수도. 약 복용을 권해 보았지만 넌지시 거절함.

○○ 씨 (여성, 60세) 때때로 복도에서 자고 용변 실수를 함. 동사가 우려돼 교감 선생님의 진찰 요청이 있었음. 소주를 다섯 병 정도 계속 마셨음. 알코올의존증으로 입원한 적도 있음. "3년 전에 끊고 지금은 안 마신다"라고 말함. 음주에 관해서는 부정함.

○○ 씨 (여성, 47세) 주위에서 보고 있지는 않은지 걱정하는 피해망상, 불면. 이야기를 나누다 보면 점점 정리가 안 되고 장황하게 늘어짐. 표정은 가면 얼굴.** 우선 수면제를 처방받았으나 정신질환일 가능성이 높음. 환자에게 정신과 진료를 받을 것인지 확인한 뒤 의료진에 연락을 주기로 함.

이처럼 대피소 안에서의 상담 내용이나 문제는 아주 다양

---

*   생각이 잘 떠오르지 않고 잘 알던 것도 잊어버리거나 판단하지 못하는 사고장애.

**   가면을 쓴 것처럼 표정이 없는 얼굴을 나타내는 의학 용어.

했다. 자원봉사 의사들은 며칠 간격으로 교대하기 때문에 응급조치를 맡았고, 꾸준한 진료가 필요한 사람들은 되도록 지역 의료 기관에 연결해 줬다. 그중에는 내 외래 진료를 소개받고 온 사람도 있고, 내가 자원봉사 의사와 함께 대피소에서 왕진을 나간 사례도 있었다.

대피소에서 우선 문제가 된 것은 아침부터 술을 마시고 생활 리듬이 깨진 사람들이었다. 치료를 받지 않은 알코올 환자가 많아 보였는데, 그중에는 수년간 술을 끊었다가 대지진 스트레스로 인해 다시 술을 마시기 시작한 사람도 있었다.

뜻밖에 알게 된 사실은, 지역에서 숨죽여 사는 정신질환자들이 꽤 있었다는 점이다. 그들은 대피소에서 기이한 언행으로 사람들의 주목을 받았는데, 만나서 이야기를 나눠 보면 분명 대지진 이전부터 정신질환을 앓고 있는 듯했다.

그중에는 지금까지 치료를 받은 적이 없는 사람도 있었다. 그들은 이상한 행동을 하면서도 가족의 도움을 받아 지역사회에서 살아갈 수 있었던 것이다. 이런 사람들의 존재는 내 마음을 경건하게 한다. 정신질환을 '의학'의 힘으로만 치료하겠다는 생각이 얼마나 오만한 것인지 느끼게 된다.

"세상에 사는 환자"(나카이 히사오)*가 지역사회로부터 버림받고, 대피소에서 적응하지 못한 채 지내는 모습을 보니 마

음이 아팠다. 지진만 없었다면 그들은 자신의 세계를 가지면
서도 사회와 관계를 맺고 계속 생활할 수 있었을 텐데…….

어느 중년 여성은 독특한 생활 패턴을 고집해 같은 방에서
지내는 사람들과 마찰을 일으켰다. 그녀도 대피소에 적응하지
못해 고생하고 있었다. 그러나 여름 무렵 시내 번화가에서 나
는 우연히 그녀를 봤다. 다소 눈에 띄는 옷차림이었지만 연로
한 남편과 손을 잡고 생글생글 웃으며 걷고 있었다. 나는 그 미
소를 보고 무척 기뻤다.

재난 피해 간호사들을 위한 '마음 돌봄'

나카이 교수가 가장 먼저 자원봉사 의사들에게 요청한 업무는
대학 병원 간호사들의 심리 상담이었다. 대학 병원에 있는 465

---

* 정신질환을 앓는 환자 역시 사회의 구성원으로서 이 세상을
살아가고 있음을 나타내고자 한 표현. 이 책의 초판 서문을
작성한 나카이 히사오는 일본에서 저명한 정신의학자이자
조현병 연구의 권위자이기도 하다. 그는 자신의 책『병자와
사회』病者と社会(1991)에서 조현병 환자가 치료 후 사회에
복귀할 때, 안정적으로 뿌리를 내리고 살아가는 방법을
탐색하는 과정의 중요성을 지적했다.

명의 간호사 중 집이 완파·전소된 사람이 30명, 반파·반소된 사람이 43명에 이를 정도로 피해가 컸다. 그래서 재난을 입은 간호사들을 대상으로 규슈 대학의 정신과 의사가 상담을 시작했다. 이것은 신도 사치에 간호부장의 요청이기도 했다.

"자원봉사 정신과 의사가 대지진 후 겪는 심신의 불편함을 무엇이든 상담해 드립니다" "사생활은 철저하게 보호합니다"라며 각 병동에 알렸다. 언제든지 상담을 받을 수 있도록 병동에는 규슈 대학 의사가 교대로 24시간 상주했다.

나는 사생활 보호를 위해 면담을 진행한 자원봉사 의사들과 사례에 관한 이야기는 나누지 않았다. 대학 병원의 정신과 의료진들은 재난을 입은 간호사들과 같은 병원에 근무하는 동료다. 병원 의료진이 이야기를 듣는다면 이후에 병원에서 얼굴을 마주칠 때 어색할지도 모른다. 규슈 대학의 자원봉사 의사에게 면담을 부탁한 데에는 간호사들이 부담 없이 상담할 수 있도록 배려한 까닭도 있었다. 그래서 상담 내용은 듣지 않았다. 하지만 당시 분위기를 요코오 히로시 선생(横尾博志 1995)은 다음과 같이 전하고 있다.

어째서인지 모두가 재난 당시 근무 중이었던 사람들뿐이었다. 찾아와서는 "지진과는 상관없다고 생각하는데요"라고 말을 꺼내고는 원인을 알 수 없는 컨디션 악화나 불면부터 직장에서의 대인 관계 고민까지 상담했다. 이미 근무 환경도 정상화되어 밝고 씩씩하게 지내고 있지만, 오히려 그 모습이 조금 어색한 느낌이 들었다. …… 지진 이야기를 하면 퍼뜩 정신이 돌아온 듯 표정을 바꾸고 "무서웠어요!"라고 말한다. …… 찾아오는 간호사 중에는 타격이 큰 사람도 있다. 괴로운 것 같은데 담담하게 이야기하며 별 동요가 없고 단서가 될 만한 것도 안 느껴진다. 지진으로 화제를 돌려도 완전히 남의 이야기처럼 말한다. 잠을 못 자고 지진 꿈을 꾸고 소리가 신경 쓰이는 전형적인 PTSD지만 이야기를 계속 나눠도 나는 아무것도 할 수 없었다.

1월 27일부터 3월 말까지 상담 창구는 열려 있었지만 간호사 상담 건수는 15건에 불과했다. 하지만 상담이 필요한 사람이 적었던 것은 아니다. 마음이 극도로 혼란스러워 침울해하는 사람이 있다는 이야기가 내 귀에도 심심찮게 들려왔다.

상담 건수가 적은 가장 큰 이유는 상처받은 일, 괴로운 일, 고통스러운 일을 '해리' '부인'하려는 마음이 작용했기 때문일 것이다. 요코오 선생과 마찬가지로, 미적지근한 반응과 남의 일처럼 말하는 태도는 나 역시 대피소에서 사람들과 이야기를 나누며 느꼈다.

충격적인 경험을 한 사람은 종종 그것을 실제로 겪었다는 감각을 잃어버리는 법이다. 심한 경우 기억을 잃기도 한다. 이는 충격으로부터 자신을 지키기 위해 무의식에서 이루어지는 마음의 작용이다. 정신의학에서는 이 반응을 '해리'라고 한다. 한편 '부인'이라는 방어기제도 있다. 이는 해리와 달리 자기 경험을 인정하고 싶지 않은 마음을 스스로는 어느 정도 인식하고 있는 상태다. 다만 충격적인 체험을 떠올리기 싫은 나머지 '나에게 대수롭지 않은 일이었다'라고 스스로 말하는 것이다. '부인'은 남들의 도움을 거부하는 형태로 표현되기도 한다. '내 문제니까 내버려 둬'라는 감정이다. 대피소에서 우리가 말을 걸면 싫어하던 사람들이 여기에 해당할 것이다.

하지만 구호 활동을 하는 사람들에게서도 '부인'은 강했다. 재난 간호사들은 병원에서 이재민 구호의 최전선에 있었다. 이들은 강한 책임감을 느낀 나머지 자신이 입은 상처를 느낄 여유조차 없었을 것이다. 간단히 말해 바짝 긴장한 상태였다. 이는 재난 구조에 나섰던 소방·자위대 등 다른 직종의 사람들도 마찬가지였을 것이다.

이재민에게서 나타나는 '해리'와 '부인'은 모두 비정상적 상황에 대한 정상적인 반응이다. 그 방어기제가 느슨해지고 스스로 마음의 상처에 직면했을 때 이재민들은 비로소 자발적

4 정신과 자원봉사 활동

으로 전문가의 도움을 구할 것이다. 그런 의미에서 재난 간호사들을 위한 상담 시도는 다소 시기상조였는지도 모른다. 하지만 빠른 시기에 대지진으로 인한 스트레스에 주의를 촉구하고 지원 체계를 준비하는 예방 효과는 있지 않았을까.

순회강연에서 일어난 일

3월이 되니 재난 간호사들의 상담이 거의 없어서 상담하는 의사들은 할 일이 없는 상황이었다. 그래서 나와 동료 정신과 의사 및 규슈 대학 의사는 각자 대학 병원의 간호사실 18곳을 찾아가 간호사들을 대상으로 순회강연을 시작했다. 여기에는 '재난 간호사 대면 상담'을 홍보하려는 목적도 있었다.

우리는 대지진과 피난·대피 생활의 스트레스로 인한 심신의 변화에 관해 이야기했다. '밤에 잠을 못 잔다' '지진이 온 줄 착각한다' '마음이 우울해 환자를 제대로 응대할 수 없다' 등의 변화를 설명하고, 그것이 지극히 평범한 정상 반응이라는 점을 강조했다.

각 병동의 작은 회의실에 열대여섯 명의 간호사들이 모였다. 자리에 따라 분위기는 무척 달랐다. 편안하고 농담을 던질 때도 있었지만, 처음부터 팽팽한 공기가 느껴질 때도 있었다.

나는 담담하게, 하지만 조심스럽게 단어를 고르며 재난이라는 외상 체험으로 몸과 마음에 어떤 변화가 일어나는지, 상실 체험은 우울 상태를 지나면서 어떻게 받아들여지는지, 재난 체험으로 상처를 입은 사람들에게 어떤 일을 해서는 안 되는지 이야기했다.

PTSD 증상을 설명하던 도중에 여러 명이 흐느끼기 시작했다. 아마도 피해가 큰 간호사였을 것이다. 어떤 부분이 그녀의 눈물을 자아냈는지는 잘 모르겠다. 진찰실에서 환자가 우는 일은 자주 있지만 그건 일대일로 마주할 때다. 여러 명이 흐느껴 우는 상황에 맞닥뜨린 건 처음이었다. 나는 깜짝 놀라 숨을 들이마시고 이야기를 이어 갔다.

갑자기 내 오른쪽에 앉아 있던 젊은 간호사가 일어나더니 고개를 숙인 채 자리를 박차고 나가 버렸다.

나는 이야기를 멈췄다. 나도 견디기 힘든 기분이었다.

내 왼쪽에 앉아 있던 부간호부장으로 보이는 간호사가 눈물을 글썽이며 나에게 물었다.

"집이 무너진 동료에게 어떤 말을 해야 할지 모르겠어요."

그녀 자신은 비교적 피해가 적었지만 큰 피해를 입은 동료에게 면목이 없어 아무 말도 건넬 수 없다며 울음을 터뜨렸다.

대답하는 내 목소리도 점점 흔들렸다.

또 다른 간호사가 물었다.

"재난을 입은 환자를 위로하니 '당신이 뭘 알아'라는 말을 들었어요."

내가 그들에게 '이렇게 해라' '이렇게 해야 한다'라고 할 수는 없었다. 다만 나는 그런 감정이 자연스러운 것이고, 거기에 죄책감을 느낄 필요는 없으며, 억누르지만 말고 기회가 있을 때 감정을 표현하는 게 좋다고 더듬더듬 전할 뿐이었다.

30분 정도 이야기를 마친 뒤 나는 자문했다.

'내가 괜히 마음의 상처를 자극한 걸까……'

아니, 그렇지는 않을 것이다. 그 눈물은 아마도 직장에서 처음으로 서로 보인 눈물이다. 누구에게나 있다는 걸 알면서도 누구도 건드릴 수 없었던 마음의 상처였다. 강연을 계기로 그 감정을 표현하고 공유할 수 있었다고 생각한다. 다만 한 번의 강연으로 경험을 더 깊이 공유하기란 불가능했다.

미국의 재난 구호 활동 전문가들이 이런 집단치료, 즉 디브리핑debriefing을 자주 한다고 들은 건 그로부터 한참 뒤의 일이었다.

3월이 다가오면서 대피소의 정신과 구호 활동도 점차 안정세를 보이기 시작했다. 긴급한 상황도 줄었다. 나는 자원봉사자들로 이루어지던 활동을 3월 말에 모두 종료하기로 했다. 규슈대학과 구루메 대학에서 "벌써 끝내도 괜찮아요? 아직 올 수 있는 사람이 조금 있어요"라고 말하기는 했지만 말이다.

그렇다고 대피소 사람들에게 더 이상 정신적 돌봄이 필요 없어진 건 아니었다. 2월 24일에도 대피소에는 여전히 17만 명이 넘는 주민이 있었다.

주민들은 각 지역의 진료 업무를 재개하거나 기능이 복구된 병원을 찾아가게 됐다. 지원 및 구호 활동은 긴급한 문제에 대응하느라 복잡하거나 지속적인 문제에 대처하기는 어려웠다. 신체 질환에 대해서도 사정은 마찬가지여서 지원을 위해 파견된 의료반은 하나둘씩 철수하기 시작했다. 구호 활동은 그 역할을 다해 가고 있었다.

다만 자원봉사 의사들은 본래의 목적인 지원 활동 외에도 요리를 만들거나 대화 상대를 해주며 힘을 보태고 우리를 안심시켜 줬다. 하지만 언제까지나 응석을 부릴 수는 없는 노릇이었다.

3월 이후에는 규모를 축소해 규슈 대학에서 1명, 구루메 대학에서 1명의 의사를 교대로 파견하기로 했다. 한때는 합숙소 같았던 병동 2층도 어느덧 고요해졌다. 철도가 복구되면서 고베 대학 병원의 정신과 의사들도 평소처럼 출퇴근이 가능해져 당직이 아닌 사람이 병원에서 자는 일은 거의 없어졌다.

병원의 일상 업무가 바빠지면서 나도 대피소를 방문할 시간이 나지 않았다. 미나토가와 중학교에 파견된 니시 시민 병원 간호사들도 3월 말로 대피소 근무가 끝나고 각자 다른 시민 병원으로 배치됐다. 집과 직장을 잃은 그들은 앞날에 대한 조바심을 감추지 못했다.

3월 31일이 대피소 구호 활동의 마지막 날이었다. 마지막을 기념해 병동 2층에서 다 같이 나베를 끓여 먹었다. 대피소의 간호사 넷, 구루메 대학의 오카 고이치로 씨, 규슈 대학의 요코다 겐지로 씨, 그리고 고베 대학의 정신과 의료진 여럿이 모였다. 병동에서 나베를 함께 끓여 먹는 것은 오랜만이었다. 나베는 요코다 씨가 만들어 주셨다.

마지막 날에 어울릴 법한 이야기도 딱히 나오지 않았고, 내일도 다시 대피소에서 만날 것만 같았다. 대피소에서의 업무는 끝났지만 재난 지역이 복구되려면 한참 멀었다는 사실을 그 자리에 있던 모두가 잘 알고 있었다. 미나토가와 중학교에도 여전히 노인들을 포함해 주민 3000명이 대피 생활을 하고 있었다.

간호사들은 다른 대피소에 비해 미나토가와 중학교가 아주 바빴다고 했다. 다른 대피소에서 일하는 동료가 "왜 그렇게 바쁜 거야?"라고 묻기도 했다고 한다.

이는 그들이 정신과 구호 활동을 열심히 도왔고, 도리어 구호 활동의 주역이 됐기 때문이었다. 간호사들이 없었다면 며칠마다 교대하는 정신과 의사들은 아무것도 할 수 없었을 테고, 아마도 우왕좌왕하며 갈피를 잡지 못했을 것이다. 나는 "바쁘게 해드려서 죄송해요"라고 말했다.

"그래도 선생님들이 있어서 좋았어요. 덕분에 잠시나마 시름을 잊고 마음 놓고 여러 일을 할 수 있었던 것 같아요. 감사합니다." 간호사 N 씨는 이렇게 답했다.

나는 그 말을 듣고 처음으로 보상받은 기분이 들었다. 내가 한 일이 방해가 되지 않았다는 데 마음이 놓였다. 사실 나는 대피소 활동에서 좀처럼 성취감을 느낄 수 없었기 때문이다. 지원을 위해 달려와 준 자원봉사 의사들에게는 죄송한 마음이지만, '이게 무슨 도움이 될까' 하는 마음을 줄곧 지울 수 없었다. 마지막 날에서야 N 씨의 말을 듣고 비로소 안심했고, 내가 지독한 무력감에 사로잡혀 있었음을 깨달았다.

밤이 깊어지고 오카 씨와 요코다 씨가 규슈로 돌아갔다. 간호사들도 하나둘씩 돌아갔다. "기회가 되면 또 만나요." 서로 그렇게 말은 했지만, 이제 만날 기회가 없을지도 모른다고 생각했다.

모두가 돌아간 뒤 나는 잠시 멍해졌다. 가까스로 한 고비를 넘겼구나. 이제 내일부터는 아무도 오지 않는다. 나는 스스로 되뇌었다.

다음 날, 모두가 떠난 방이 무척 넓게 느껴졌다. 축제가 끝난 뒤처럼 마음이 허전해서 맥이 빠지는 것 같았다. 홀로 남겨진 듯한 기분도 들었다. 고베 대학 병원 정신과 의료진과 나의 구호 활동은 그렇게 끝이 났다.

2부

1995년 4월 ~1996년 1월

1

PTSD의 회복

그 후의 J 씨

대지진의 충격으로 불안과 긴장이 높아지고 말도 나오지 않는 PTSD에 시달린 J 씨는 그 후에도 대피소와 병원을 오가며 치료를 받았다. 그녀는 식욕도 없을뿐더러 차가운 주먹밥만 봐도 몸서리를 쳤다. 자원봉사자나 다른 주민들의 웃음소리를 들으면 경솔하다는 생각에 화가 치밀었다. 특히 밤에는 여러 광경이 머릿속에 떠올라 거의 잠들지 못했다. 매일 밤 악몽에 시달리며 한밤중에도 비명을 질렀다. 상태는 별반 개선되지 않았고, 심해지는 불안과 긴장을 신경안정제로 겨우 억눌렀다. 진찰실에서 만난 J 씨는 눈물을 글썽이면서도 필사적으로 웃으려고 노력하는 것 같았다.

　J 씨는 내 권유로 재난 지역에서 조금 떨어진 딸 부부의 집에서 며칠을 지냈다. 거기서는 비교적 잠도 잘 자고 휴식을 취할 수 있었다. 하지만 계속 신세를 질 수 없어 대피소에 돌아오니 예전의 긴장 상태로 돌아왔다.

얼마 후 J 씨의 아파트에도 가스와 전기가 복구돼 주민들이 조금씩 돌아가기 시작했다. 하지만 그녀는 무서워서 돌아갈 수 없었다. 몇 번 가보기도 했지만 여진도 아닌데 건물이 흔들리는 듯한 기분이 들었다. 탈출할 때 애를 먹었던 7층에 사는 것도 무서웠다.

"같은 경험을 했는데 남편은 왜 무서워하지 않는 걸까요?"

그렇게 말하며 J 씨는 의아해했다.

그런데 4월 어느 날, 진찰실에 나타난 J 씨를 보고 나는 깜짝 놀랐다. 평소보다 멋을 낸 차림새였기 때문이다. 이전까지는 트레이닝복에 운동화를 신고 배낭을 멘 이른바 '이재민 패션'이었다.

"대피소에서 집으로 돌아왔어요."

반쯤 부서진 아파트로는 돌아가고 싶지 않다는 J 씨를 위해서 남편은 이사할 집을 찾기 시작했다. 두 사람은 운 좋게 옆 동네에서 마음에 드는 아파트를 발견했다. 입주가 가능한 시기는 2개월 뒤였지만, 그녀는 이를 계기로 이사 전까지 원래 살던 아파트에서 견뎌야겠다고 마음을 먹었다. 부부는 3개월 가까이 지낸 대피소를 뒤로했다.

나는 처음에 멋을 부린 J 씨를 보고 '집에 돌아가서 마음이 편안해졌나' 생각했다. 하지만 그녀의 표정은 여전히 어둡고 목소리도 잠겨 있었다.

"역시 집이 무서워요. 벽이 무너져 있고, 문이 망가져서 덜컹덜컹 소리가 나요. 뭔가 소리가 들리면 움찔해요. 한밤중에도 방마다 불을 켜놔요. 언제든지 나갈 수 있게 옷도 입고 자고요. 방문을 다 닫으면 무서워서 욕실이나 화장실 문도 끝까지 안 닫아요. 혼자 있는 게 무서워서 낮에는 밖에 나가려고 하는데, 가게들도 없어져서 갈 곳이 없어요. 게다가 사방에 불에 타고 남은 잔해들뿐이어서 기분이 나아지지 않아요. 있을 곳이 없어서 이곳저곳 우왕좌왕하다 보면 슬퍼져요."

눈물을 흘리며 말하는 J 씨의 모습을 보니 역시 본격적으로 이사하기 전까지는 고통이 계속될 것 같았다.

하지만 그 후 J 씨는 조금씩 웃음을 되찾았다. 작은 사건이 계기였다. 어느 날 J 씨는 남편과 함께 집에서 제법 떨어진 해변을 찾았다. 끝없이 펼쳐진 바다와 해변에는 바람이 불고 파도 소리가 들렸다. 인적은 드물고 하늘은 넓었다.

"모래사장에 있으면 안심이 돼요. 여기서는 지진이 와도 쓰러질 게 없잖아요." J 씨는 이렇게 말했다. 그리고 오랜만에 홀가분한 기분을 맛봤다.

그 뒤로 그녀는 자주 남편과 함께 해변을 산책했다. 아직 혼자서 바다에 가지는 못했지만, 남편도 이 산책을 즐거워하는 것 같았다. J 씨의 눈에는 괜찮아 보였던 남편도 분명 꽤 지쳐 있었을 것이다.

예전에 머문 대피소를 가끔 찾아가 그곳에서 친해진 사람들과 밖에서 점심을 먹는 일도 일상의 즐거움 중 하나가 됐다. "함께 지냈던 사람들이니 식구나 마찬가지예요." J 씨는 말했다. 대피소에는 도시락이 배급됐지만 언제나 차갑게 식어 있었다. 그래서 사람들은 가끔 자원봉사자들이 직접 따뜻한 밥을 지어 배식하는 날을 손꼽아 기대했다.

이렇게 J 씨는 마음의 상처를 극복하려고 노력하면서 몇 주 뒤의 이사를 마음속으로 애타게 기다렸다.

J 씨의 목소리는 점점 밝아졌다. 하지만 결코 괴로웠던 지진의 기억을 잊지는 못했다. 그것은 여전히 손이 바로 닿을 곳에 있었다. 반파된 집에 돌아가면 역시 예민해져서 잠을 자지 못했다. 그래도 이후 J 씨는 예정대로 무사히 이사를 마쳤고 외래 진료에도 오지 않았다. PTSD가 치유된 것이다.

그녀를 치유한 것은 과연 무엇이었을까. J 씨는 가족의 위로를 받고, 대피소 사람들과 동고동락하며 새로운 집을 찾고, 자연에서 마음의 평안을 얻었다. 이런 일들 하나하나가 J 씨를 회복에 이르게 했을 것이다. 그것들은 따로 떼놓고 보면 아주 작은 일에 불과하다. '치료'나 '돌봄'이라고는 말할 수 없는 것들이다. 하지만 이런 작은 계기들이야말로 회복에 중요하다.

무력감에 시달린 소방대원

한신 대지진 이후 다양한 수기가 출간됐다. 전부 처절한 체험의 기록이다. 그중에서도 고베시 소방국* 홍보지에서 특집으로 다룬 소방관들의 수기는 충격적이었다. 지금도 나는 그 글을 읽을 때마다 가슴이 먹먹해진다(神戸市消防局 1995). 이 솔직한 기록은 재난에 의한 심적 외상이 어떤 것인지 단적으로 알려 주는 귀중한 자료이기도 하다.

　일반적으로 죽음을 목격하는 일은 대단히 충격적이다. 특히 아이의 죽음을 목격하는 일은 견디기 힘들다. 이는 구조에 나섰던 대원들도 예외는 아니었다. 수기에는 죽음을 목격한 체험의 무게가 그려져 있었다.

　세 살 난 여자아이를 구급차에 실어 병원으로 옮겼지만 끝

＊　인구 50만 이상 규모의 지자체에 설치되며 주로 사무 업무를 담당하는 일본의 소방 기관. 반면 소방서는 규모와 관계없이 각 지자체에 설치되며, 실제 현장에 출동하는 기관이다.

내 살리지 못한 현장의 구급대원은 이렇게 썼다.

"내가 죽였어."

이렇게 말하며 아이의 어머니가 오열한다.

"제기랄, 제기랄."

아버지가 소리친다. 나도 아이가 있다. 어쩔 수 없이 머릿속에 내 아이의 모습이 겹쳐진다. 눈시울이 뜨거워진다. 이렇게 애통한 상황이 계속되니 '꿈이 아닐까? 꿈이었으면 좋겠다' 하며 소원을 빌었다.

시간이 지나면서 사망자가 늘어 간다. 두 시간만 지나도 병원 로비는 발 디딜 틈도 없을 만큼 부상자들로 가득 찬다. 사람들의 눈빛에는 두려움이 가득하다. …… 약 세 시간 동안 너무나도 많은 죽음, 이별, 슬픔, 눈물, 후회, 절망, 그리고 갈 곳 없는 분노를 코앞에서 봤다. 이 비현실적인 일들을 받아들이기엔 너무나 짧은 시간이다. 내 마음에는 오래오래 괴로움이 남을 것이다.

소방서로 복귀하다가 넋이 나간 채 라디오를 틀었는데 현실과 한참 동떨어진 이야기가 나와 기분이 더 우울해졌다. 고베 방면에서 큰 지진이 발생해 사망자가 100명 정도 나왔다고 한다.

"무슨 소릴 하는 거야. 내가 본 것만 해도 50명이 넘는데."

이렇게 마음속으로 소리쳤다.

또한 잔해에 깔린 사람들을 구출하러 갔다가 지인의 죽음을 맞닥뜨린 사람도 있다.

F 씨(지인)가 나오기까지 짧은 시간이었지만 내게는 한없이 긴 시간처럼 느껴졌고, 그 모습이 나타났을 때는 상심한 나머지 눈물은커녕 목소리도 나오지 않았다. …… 겨우 마음을 추스르고 정신을 차린 뒤 다음 현장으로 향했다. 그리고 …… 60세 정도의 남녀 두 명, 마찬가지로 60세 정도의 남성 한 명을 구출했는데 모두 사망한 상태였다. …… 몸도 마음도 지칠 대로 지쳐 소방서에 돌아와 보니 길었던 1월 17일도 어느새 끝나 있었다.

지진 당일이 아니어도 그 충격은 조금도 줄어들지 않는다. 1월 21일에 매몰자 구출에 나선 대원은 다음과 같이 말했다.

당시 우리가 본 광경은 차갑게 식어 버린 어른과 아이의 시신이었다. 두 사람은 무거운 철골 아래서 커다란 몸이 작은 몸을 감싸듯 누워 있었다. 너무나 참혹한 죽음에 대원들은 아무런 말도 없이 잔해 철거 작업을 진행했다. 무거운 공기 속에서 작업이 이어졌다.

이어서 또 다른 두 명의 시신이 발견됐다. 함께 자고 있었는지, 같은 이불 안에서 어머니가 아이를 감싸고 있었다.

출동 명령이 떨어졌을 때부터 예상은 했지만, 실제 현장에서 느낀 기분은 말로 표현할 수 없었다. 잔해를 제거하기 위한 절단기와 중장비의 소음만이 무심하게 울려 퍼졌다.

한 사람, 또 한 사람 수습된 시신이 가족에게 인도되고, 마지막으로 여덟 살 아이가 수습됐을 때, 아이의 할아버지로 보이는 남성이 참았던 눈물을 왈칵 쏟아 냈다. …… 구출 작업 8시간, 괴로운 하루였다.

구조자들은 남겨진 가족들의 슬픔에 강하게 감정 이입해 자신들도 그 슬픔과 분노를 느끼고 상처를 입는다. 재난 정신의학자 라파엘에 따르면 이런 "죽음의 간접 체험"은 "스트레스 반응의 발생에 크게 관여하고, 악몽, 불안, 수면 장애, 약간의 우울 경향"을 불러온다. 즉, PTSD가 우려될 정도로 큰 스트레스인 것이다.

인상적인 것은, 소방대원 대다수가 재난 구호 과정에서 심한 무력감을 느꼈다는 점이다.

지금까지 어떤 재난을 만나든 동료와 함께 구출, 구조, 화재 진압 활동을 하며 이 일에 자부심을 느꼈다. 하지만 이번에는 달랐다. 도와 달라는 사람들의 요청에 응할 수 없는 내 무력함을 한탄하고,

자연의 위력에 두려움을 느꼈다.

이대로 그냥 사라져 버릴까……, 소방대원의 역할이 너무나 무력하게 느껴졌다.

부상자를 병원으로 옮기고 인명을 구했다는 보람은 전혀 없었다. 이미 잃어버렸을 소중한 생명들과 구조를 애타게 기다리는 많은 사람을 떠올리며, 자신의 무력함을 깨닫는 동시에 지금까지 대규모 재난에 대한 인식이 안이했음을 절감했다.

또한 라파엘은 구조자가 그 역할을 수행하면서 느끼는 몇 가지 스트레스 요인을 열거했다. 자신이 적절한 조치를 할 수 없음, 통신의 어려움, 구조에 필요한 자원과 장비 부족, 목적지에 도달할 수 없음, 인력 부족, 관료주의에서 오는 여러 가지 문제들. 이런 모든 것이 소방대원의 수기에도 나와 있다.

또 화재 진압과 구출 활동에 애쓰는 소방대원에게 이재민 중 누군가가 "소방은 뭘 하는 거야"라고 화를 내며 따지는 일이 있었다고 한다. 수기를 보면 대원들이 그 말을 듣고 몹시 상처받았음을 알 수 있다. 주민에게 감사 인사를 들어야 할 소방대원이 오히려 비난을 들은 것이다. 대원들의 잘못이 아니라 단지 재난 규모가 지나치게 컸던 탓이다. 하지만 초동 대처 시점에서 대원들과 주민들이 그런 사정을 알 리 없었다. 소방대원들은 그런 이재민의 마음을 이해했기에 무력감을 느낄 수밖에 없었다.

그 후 많은 소방대원이 어떻게 마음을 다잡았는지 이 수기로는 알 수 없었다. 푸념하지 않고 고통을 견디는 태도를 미덕으로 여기는 가치관은 지금도 일본에 건재하다. 하지만 '마음 돌봄'의 관점에서 보면, 자신의 체험을 정리하고 감정을 표현하는 작업은 마음의 회복에 아주 중요하다. 수기 쓰기도 유용한 수단이다. 수기에서 자신의 체험과 감정을 표현할 수 있었던 사람에게는 글쓰기가 치유로 이어졌을 것이다. 하지만 수기를 쓸 수 없었던 사람들, 감정을 표현하지 않고 보고서를 쓰듯이 담담하게 썼던 사람들은 더욱 깊은 마음의 상처를 입었을지도 모른다. 그 사람들은 어떻게 마음을 다잡았을까.

구조자의 스트레스는 소방대원만 겪는 것이 아니다. 한신·아와지 대지진에서 활동했던 다양한 직군의 구조자들은 커다란 스트레스를 받았다. 이는 재난 지역 외부에서 온 구조자들도 어느 정도는 공통된 일이었다.

라파엘은 저서 『재난이 닥칠 때』(라파엘 1989)에서, 도움을 주고받는 인간관계를 활용하는 것이 구조자의 스트레스에 대처하는 방법으로서 중요하다고 말한다. 가족, 친구, 동료들에게 자신의 감정, 공포, 좌절, 공을 세운 이야기 등을 허심탄회하게 털어놔야 하는 것이다. 이처럼 이재민뿐만 아니라 구조자가 입은 마음의 상처도 중요하며, 이를 돌보는 일은 앞으로의 재난 대책에서 커다란 과제일 것이다.

2

사별의 경험과

가족 문제

아이를 잃은 부모들

한신 대지진으로 가족, 특히 자녀를 잃은 사람은 어떻게 살아가고 있을까. 대지진 직후부터 마음에 걸렸던 일이다.

뉴스에서 본 영상이 잊히지 않는다. 한 아버지가 아이와 함께 건물 잔해 아래서 구조됐다. 아버지는 구조대원에게 아이를 살려 달라고 줄기차게 호소했지만, 아이는 이미 숨을 거둔 상태였다. 나도 두 살 난 딸을 가진 부모로서 아버지의 애통함을 헤아릴 수 있었다.

이 문제에 관해 생각할 계기를 만들어 준 사람은 내가 담당했던 여성 환자 M 씨였다. M 씨는 2년 전에 딸을 사고로 잃었다. 그녀는 그 후에 몇 번이나 자살을 시도하고 술에 빠져 지냈다.

내가 담당할 때는 안색도 나쁘고 야위어서 기운이 없었다. M 씨는 딸이 죽은 게 자기 때문은 아닌지 고뇌했고, 자신이 일찍 알아차렸다면 죽지 않았을지도 모른다며 자책했다.

"제가 살아 있어 봤자 딱히 의미가 없어요. 딸 생각에 잠겨서 살고 싶어요. 딸을 잊어버리고 싶지 않아요. 술을 마시면 딸이 살아 있던 때의 기억에 좀 더 빠져들 수 있어요."

"이렇게 우울하게 지내면 옆에 있는 기분이 들어요. 내가 기운을 차리면 멀어질 것만 같아요."

M 씨는 이렇게 말했다. 그녀에게 우울은 당연해서 그게 '병'이라는 생각은 하지 않았다.

M 씨의 사례를 계기로 내가 담당하는 환자들을 다시 보니, 자녀의 죽음 이후 신경증이나 우울증, 알코올의존증에 걸린 사람들이 몇 명 있었다. 사별 후 10년이 넘은 사람들도 많아서 M 씨처럼 생생한 감정을 털어놓는 사람은 없었지만, 모두 의연하게 슬픔 속에서 살아가고 있는 듯했다.

사별 경험은 커다란 트라우마(심적 외상)다. 트라우마는 다양한 문제를 일으킨다. 장래를 생각할 수 없게 되고, 술을 마시는 일이 늘어나며, 부부 간 의사소통에 문제가 생긴다.

이런 마음의 상처를 마주하면 어쭙잖은 위로의 말을 건넬 수가 없다. 나는 M 씨를 어떻게 위로하면 좋을지 적당한 말을 찾지 못했다. 이야기를 들으며 그녀가 이 무거운 짐을 내릴 수 있는 곳이 어디일지 생각했다.

일단 문제는 음주였다.

"술을 마시는 고통은 술로 괴로워하는 사람밖에 모르겠죠."

나는 이렇게 말하며 M 씨를 알코올의존증 환자 모임 AA Alcoholics Anonymous에 소개했다.

AA는 전문가가 치료를 하는 장소는 아니다. 어디까지나 당사자들끼리 음주와 관련된 체험을 털어놓고 감정을 나누는 자조 모임이다.

M 씨는 AA를 다니기 시작한 이후에도 음주는 관두지 않았다. AA에서 어느 정도 편안함을 느꼈지만 딸을 떠나보낸 슬픔은 치유되지 않았다.

그리고 대지진이 일어났다. M 씨는 어느 날 신문에서 집회 기사를 발견했다. '효고·삶과 죽음을 생각하는 모임'이 주관하는, 대지진으로 아이를 잃은 부모들이 모이는 자리였다. "저는 대지진으로 아이를 잃은 건 아니지만 가보려고요"라고 M 씨는 말했다.

그 후 M 씨는 진찰을 와서 내게 그 모임 이야기를 들려줬다. 이 모임은 수년 전 아들을 잃은 여성 S 씨의 주도로 시작됐다. 참가자 여럿이 한 달에 한 번 정기적으로 모임을 가졌다. 그러다 이번 대지진을 계기로 참가자들을 확대 모집했다고 한다. 당사자가 시작했다는 점에서 이 모임도 AA와 마찬가지로 자조 모임이었다. 나는 이 모임에 대해 알고 싶어서 주최자인

S 씨에게 연락을 했다.

"여기는 마음껏 울 수 있는 공간이에요. 슬픔을 나눌 수 있는 건 우리가 같은 경험을 했기 때문이죠."

S 씨는 이렇게 말했다. 대지진 후 참가자는 20~30명까지 늘어났다. 모임에서는 아직 사별 경험이 생생한 사람들이 기존 회원들의 이야기에 열심히 귀를 기울이고 있다고 했다.

M 씨는 "다음에도 갈지는 모르겠어요"라고 말하면서도 모임에 계속 나갔다. 모임에서 친구도 사귀었다. 그리고 그토록 끊을 수 없었던 술을 최근에 끊기 시작했다.

마음의 상처가 되는 경험은 같은 고통과 슬픔을 지닌 사람들 사이에서 비로소 공유된다. 아무리 전문가일지라도 마음의 상처에 쉽사리 다가가기는 힘들다. 모임에서 회장을 맡은 다카키 요시코 씨는 이렇게 말한다. "저는 그분들의 비통함을 이해할 수도 하물며 위로할 수도 없어요. 그 자리에 함께 있고, 이야기를 듣는 게 전부예요"(高木慶子 1996). 그만큼 당사자들의 자조 모임은 귀중한 자리인 것이다.

물론 주변 사람들도 동정과 위로의 말을 건넸을 것이다. 하지만 동시에 사람들은 유족을 향해 "의연하게 대응할 것을 기대하고" "다른 이재민들이 겪은 상실과 그 크기를 비교·검토"한다(ラファエル 1989). 언론도 유족들이 슬퍼하는 틀에 박

힌 영상을 보도하려 하고, 사람들은 위로를 한답시고 "그나마
넌 나은 편이야"라는 말을 던지며 더욱 상처를 준다.

이럴 때 유족 측은 자신에게 닥친 이해할 수 없는 운명이
나 주위 사람들과 자신의 간극에 신경이 날카로워져 강한 분
노를 느끼는 듯하다. 아무도 이해해 주지 못한다는 생각에 주
위 사람들을 공격적으로 대할 때도 있다.

한 여성은 '효고·삶과 죽음을 생각하는 모임' 회보에, 사
별 당사자 모임에 참가했을 때의 경험을 죽은 딸에게 보내는
편지 형식으로 이렇게 적었다.

이 모임에서 엄마는 같은 재난으로 아이를 잃은 어머니들의 여러
이야기를 들었어. 저마다 사정과 상황은 달라도 모두 갑자기 아이
를 잃은 처지여서 말로 다 못 할 슬픔을 함께 나눴단다. 또 아이를
잃은 지 몇 년이 지난 분들의 이야기도 들었어. 분명 무거운 주제
지만, 아무리 이해와 격려를 받아도 아이를 잃은 적 없는 사람들은
알지 못할 고통을 한줄기 눈물로 서로 이해하는 경험은, 엄마에게
아주 큰 힘이 됐단다.

나는 정신과 의사로서 당사자 모임이 지닌 마음의 치유 작
용이 어떤 것인지 궁금했다. 나중에 사별을 경험한 사람이 상

담을 받으러 찾아오면 도움을 줄 수 있으리라 생각했기 때문이다.

10월 어느 날, 나는 당사자는 아니지만 모임의 허락을 받아 '사별 경험을 나누는 모임'에 참석했다. 그 자리에서 내 마음은 몹시 동요했다. 그와 동시에 사별이라는 사건에 대한 지금까지의 내 이해가 보잘것없는 것이었음을 깨닫고 부끄러워졌다. 모임에서 느꼈던 인상을 중심으로 조금 더 자세하게 이야기해 보고자 한다.

그날 참가자는 11명이었고, 의료진도 여럿 있었다. 그중 대지진으로 아이를 잃은 사람은 셋이었다. 먼저 자기소개를 시작했는데, 그 짧은 인사를 하는 와중에도 감정이 복받쳐 말문이 막히는 사람이 있었다. 죽은 아이에 관해 조금이라도 이야기를 하면 봇물 터지듯 감정을 주체하지 못했다. 참가자들이 자신의 체험과 감정을 자유롭게 이야기하다 보니 눈 깜짝할 사이에 두 시간이 훌쩍 지났다.

"겪어 보지 않은 사람한테는 말해도 몰라요. 남들은 '이제 기운을 차렸구나' 생각하겠지만 한시도 잊을 수 없어요."

한 사람이 그렇게 말하자 모두가 고개를 끄덕였다. 사별 직후에 나타나는 폭풍 같은 격렬한 감정은 몇 년이 지나도 사그라지지 않고 가슴속에서 거칠게 휘몰아친다. 그들은 그 감정을 주변 사람들에게 수년째 숨기고 있다.

라파엘에 따르면 "유족들은 이제 당연히 회복했을 거라는 기대를 노골적으로 받을 때가 많다." 그들이 슬픔에 빠져 있는 모습을 주위에서 용납하지 않는 것이다. 모임에서는 말하는 사람, 듣는 사람 할 것 없이 눈물을 흘리는 사람이 많았는데, 이곳이 당사자들이 모인 자리였기 때문이다.

감정을 타인뿐만 아니라 배우자에게 숨기는 경우도 있다. 죽은 아이에 대해 마주 앉아 이야기를 나누지 않는 부부가 많다. 서로 화제를 회피하는 것이다. 이것이 불화를 낳기도 한다.

감정의 혼란 속에서 다양한 상념이 떠오르는데, 그 안에는 가족에게도 말할 수 없는 내용이 있다고 한다. 예를 들면 가족 중 누군가를 책망하는 마음, 죽은 아이를 누군가와 비교하는 마음 등이다. 한 여성은 "아이가 몇 명 있어도, 한 명을 잃으면 남은 제 인생은 아무 의미가 없다고 생각했어요"라고 말했다. 이렇게 사별의 경험은 주위 사람들과 감정적 거리를 만들고, 고통스러워하는 당사자의 고립을 불러온다.

죽은 사람은 두 번 다시 돌아오지 않는다. 이는 엄중한 사실이다. 그래서 사별 경험자의 고통은, 이 변하지 않는 사실을 어떻게 받아들일지에 관한 갈등일 것이다. 하지만 사별은 시간이 흐른다고 받아들일 수 있는 일이 아니다. 사별을 충분히 슬퍼하는 과정(애도 작업)이 우선 필요하다. 그리고 갈등 속에서 생각하고 느끼고 이야기하면서 상실을 받아들여야 한다.

그렇다면 받아들이는 과정에서 부모들은 어떤 생각을 할까. 어느 젊은 어머니는 다음과 같은 경험을 회보에 실었다. 그녀는 대지진으로 갓난아이와 함께 무너진 집에 깔렸다. 아기는 그 자리에서 죽었고 병원에 실려 간 자신도 위중한 상태였다. 그녀는 당시 이른바 '임사 체험'을 했다.

눈부시게 새하얀 빛의 구름 위로 사뿐사뿐 실체가 없는 내가 올라갔어요. 훨씬 위쪽에 있던 영혼 하나가 슬며시 곁으로 다가왔죠. 나는 놀라지도 않고 그 영혼이 다이시(우리 아들)라는 걸 알았습니다.

이 체험을 그녀는 무척 소중히 여겼다. 그녀에겐 잃은 아이가 '사후의 생'을 살고 있다는 증거였기 때문이다. 그 이후 죽은 아이가 멋진 세상에서 살고 있을 거라는 믿음이 그녀의 현재 삶을 지탱하고 있었다.

최근 '임사 체험'에 관한 관심이 높아지면서 많은 사례가 책으로 나오고 있다. 하지만 사별을 경험한 사람들에게는 그런 지적 호기심과는 다른 절실한 관심이 있다.

신비로운 체험은 임사 체험뿐만이 아니다. 모임의 참가자들은 작지만 신비한 체험을 몇 가지씩 이야기했다. 마치 태어나기 전부터 죽음이 예정된 것 같았던 일, 때때로 죽은 아이가 바로 곁에서 자신을 감싸 주는 것처럼 느끼는 일 등이다. 나는 그것이 짧은 생을 살다 간 아이에 관한 세세한 기억을 모조리 일깨우고 느끼는 일이라고 생각했다.

야나기타 구니오柳田國男 씨의 저서 『희생: 나의 아들, 뇌사의 11일』(1995)은 스스로 죽음을 선택한 아들에 대한 추도문이다. 글에서 야나기타 씨는 "삶과 생활을 함께 나눈 혈육(혹은 연인)의 죽음"을 "2인칭의 죽음"이라고 불렀다. 그것은 단순한 생물학적 죽음이나 낯선 타인의 죽음과는 다르며, 가족에게는 "괴롭고 엄혹한 시련"이다. 그리고 가족이 2인칭의 죽음을 받아들이기 위한 애도 작업은 대단히 중요하다고 강조한다.

그렇다면 어떻게 애도해야 슬픔에서 벗어날 수 있을까. 이는 어려운 문제다. 얼 A. 그롤먼(グロルマン 1996)은 "일반적으로 슬픔이 빨리 사라지는 방법은 가르치기가 불가능하다"라면서도 "사별의 슬픔을 치유하기 위한 10가지 지침"을 다음과 같이 열거했다.

① 어떤 감정도 전부 받아들이자.

② 감정을 바깥으로 드러내자.

③ 슬픔이 하룻밤에 치유되리라고 생각하지 말자.

④ 우리 아이와 함께 슬픔을 치유하자.

⑤ 고독의 세계로 달아나는 건 슬픔을 치유하는 잘못된 방법이다.

⑥ 친구는 소중한 존재다.

⑦ 자조 모임의 힘을 빌려 자신과 타인을 돕자.

⑧ 상담을 받는 것도 슬픔을 치유하는 데 도움이 된다.

⑨ 자신을 소중히 여기자.

⑩ 사랑하는 사람과의 사별이라는 고통스러운 경험을 의미 있는 경험으로 바꾸려 해보자.

사별의 슬픔을 극복한다는 건 대단히 괴롭고 힘든 일이다. 그런 슬픔 속에서도 열심히 살아가려 노력하는 모임 참가자들에게 나는 경의를 느꼈다. 그저 묵묵히 견디는 것이 일본인의 문화라는 의견도 있지만, 이는 거짓이라고 생각한다. 오히려 문화가 유족들에게 조용히 견디기를 강요하는 것인지도 모른다. 유족은 실은 슬픔을 충분히 표현하고 싶어 한다. 그러고 나서야 처음으로 슬픔을 뛰어넘을 수 있게 되는 것이다.

대지진으로 인한 사망자가 6000명을 넘었다. '2인칭의 죽음'을 경험한 많은 사람이 충분히 애도할 기회를 가질 수 있기를 간절히 기도한다.

부모를 잃은 아이들

한신 대지진으로 부모를 잃은 이른바 '재난 고아'는 569명에 이르렀다. 아시나가 육영회는 재난 고아를 대상으로 가정방문 조사를 실시했다. 이곳은 교통사고와 질병으로 부모가 사망한 아동들에게 장학금을 지원하는 단체로 유명하다. 800명이 넘는 자원봉사자가 204세대에 이르는 재난 고아 가정을 방문해 한 시간 이상, 길게는 몇 시간까지 조사를 진행했다.

　그것을 기록한『검은 무지개: 한신 대지진 고아들의 1년』 (あしなが育英会 1996)에는 아이들의 애처로운 심정이 잘 드러나 있다.

　그 책에 따르면, 아이들은 부모를 잃은 깊은 슬픔과 동시에 살아남은 스스로에 대한 죄책감, 자책감을 안고 있었다.「한신 대지진 고아 가정의 실태」(副田義也 1995)에 따르면 "이번 한신·아와지 대지진에서는 부모가 아이를 감싸거나 감싸려다 사망한 경우, 혹은 남겨질 아이를 걱정하면서 사망한 사례가 많았다." 그런 점이 아이들로 하여금 죄책감과 자책감, 후회를 더하고 있었다.

> 죽어도 그다지 후회는 없으니까, 죽었으면 좋았을 텐데, 그러면 대
> 신에 아빠도 엄마도 살 수 있었을 텐데……. 미안해요. **중학교 1학
> 년, T·M**

> 집은 순식간에 화염에 휩싸였어요. 가족들의 목소리가 들렸지만
> 불길이 너무 거세서 어떻게 할 수가 없었어요. 저 혼자 살아남은
> 게 줄곧 후회스러워요. **단기대학* 1학년, U·I**

이런 죄책감은 어린 나이에 공상으로 이어지기도 한다. 사
별이라는 받아들이기 힘든 충격을 완화하기 위해 공상의 힘을
빌리는 것이다. 예를 들면 "게임을 너무 많이 해서 벌을 받은
걸까"라고 해석하는 식이다.

마음의 상처는 다양한 형태의 신체 증상으로 나타났다. 아
토피성 피부염이 생기기도 하고, 천식이 심해지거나 자율신경
실조증 등이 나타나기도 한다. 또한 생생한 악몽에 시달리는
사례도 있었다.

---

* 일본의 2, 3년제 대학교를 가리킨다.

저는 아빠가 나오는 무서운 꿈을 꿨어요. 아빠가 집에 있고, 이상한 마네킹 인형이 있었는데 그게 움직이더니 저를 덮치는 꿈이었어요. **중학교 3학년, 사코 준코**

지진 후에 무서운 꿈을 꿨어요. 제가 어딘지 알 수 없는 이상한 곳에 서있었는데 주위를 보니 해골뿐이고 누군가가 다가오는 소리가 났어요. 그것도 해골이었어요. 해골 입에서 이상한 빛이 나왔어요. **초등학교 3학년, 사코 히로시**

아이들은 살아남은 부모에게 어리광을 부리며 퇴행 행동을 보이고, 생활 습관이 흐트러져 제멋대로 굴거나 무기력, 등교 거부 등의 행동 변화를 보였다.

아이들에게 가장 중요한 것은 대지진 후 살아남은 가족들과의 관계다. 그러나 아시나가 육영회의 조사에 따르면 재난 고아의 가정은 가족 간 의사소통에 문제를 겪고 있었다. 가족들 사이에서조차 혈육의 상실은 화제로 삼기 어려운 것이다. 특히 원래 소통이 적었던 부모와 자녀가 살아남았을 경우, 재난 후 갑자기 의사소통이 나아질 리는 없다. 오히려 사별 스트레스에 더해 살아남은 가족끼리 좋은 관계를 만들어야 한다는 부담을 느낀다.

또한 언뜻 문제가 없어 보이는 가정에서 아이가 의젓해 보이고 가족에게 기대지 않더라도 스트레스를 받고 있는 경우가 있었다. 아이는 망연자실한 부모를 걱정시키지 않기 위해 밝게 행동하고 있을 수 있다.

남은 가족들 사이에서도 이렇게 의사소통이 제대로 안 되는데 하물며 타인과의 사이에서 벽을 느끼는 건 당연하다. 이를 해소하기란 정신보건 전문가도 쉽지 않다. 당사자가 마음을 서로 나누기 위해서는 당사자 간의 혹은 과거 같은 종류의 경험을 한 선배와의 만남이 대단히 중요하다.

아시나가 육영회의 자원봉사자들은 교통사고와 질병으로 부모를 잃은 사람들이다. 이들의 가정방문 조사가 단연 돋보이는 까닭은 자원봉사자들이 부모를 잃은 아이의 '선배'로서 친밀하게 이야기를 들을 자세를 갖추고 있기 때문이다. 또 이들은 단순히 조사에서 끝나지 않고 아이들과 계속 교류를 이어 가고 있다.

하지만 그들도 쉽게 재난 고아들의 가정에 들어가진 못했다. 사별의 고통과 분노로 도움을 거부하는 사람들에게 자원봉사자들은 차근차근 끈기를 가지고 대했다. 자원봉사자 미야자키 신이치 씨는 이렇게 썼다.

처음 방문했을 때부터 "됐어요, 내버려 두세요" 하면서 거절당하기 일쑤였다. 그렇다고 포기할 수는 없지. 연락을 안 하면 이 사람들을 방치해 버리는 거라고 스스로 용기를 다졌지만, 어쨌든 힘들었다.

또 자원봉사를 하는 동안 어느새 과거에 자신이 받았던 마음의 상처를 떠올리기도 한다. 스루지 마유미 씨는 이렇게 말한다.

초등학생인 내가 식사도 준비했다. 잠든 엄마가 죽은 게 아닐까 하고 몇 번이나 숨을 쉬는지 확인했다.

공부도 했다. 언제 어디서든 밝은 아이로 지냈다. 고등학교 시절에는 평범한 사람처럼 지냈고, 그렇게 보이도록 노력했다.

재난이 일어난 뒤로 엄마가 걱정이 됐다. 나에게도 마음의 상처가 남아 있었다.

이처럼 상대의 심적 외상에 마음을 쓰면서도 자신의 심적 외상을 다시 들여다본다. 그런 마음이 오가는 가운데 자원봉사자들은 재난 고아 가정을 치유해 갔다.

라파엘은 "아이는 일어난 사건을 자신이 사랑받지 못하거나 공격을 당한 결과 혹은 자신에 대한 거절의 상징으로 받아들일 위험이 있다. 따라서 지속적인 애정과 배려로 아이를 안심시키고 기운을 북돋아 주는 것이 중요하다"라고 말한다. 아시나가 육영회는 무척 까다로운 재난 고아에 대한 돌봄을 가정방문을 통해 훌륭하게 실천했다고 할 수 있다.

물론 이것만으로 아이들의 마음이 완전히 치유되지는 않는다. 앞서 부모를 잃은 자원봉사자들조차 지금도 마음에 남은 상처를 느끼고 있으니 말이다. 하지만 재난 직후에 이 정도의 활동을 해냈다는 데 나는 다시금 경의와 박수를 보내고 싶다.

평상시든 재난시든 아이는 자신의 힘으로만 생활을 개척할 수 없다. 아이의 생활과 운명은 부모에게 크게 달려 있다. 부모가 재난을 당하고 상처를 입었을 때 아무리 밝게 행동하더라도 아이 또한 상처를 입는다. 그 점을 깨달아 부모의 역할을 돕고, 가족을 사회적 고립에서 구하는 일이 무엇보다 필요하다.

아내와 딸을 잃고 갓난 아들과 살아남은 남성은 이렇게 말한다.

이번 대지진에서 '부흥'이라는 말이 쓰이고 있지만 저는 그 말이 싫어요. 우리 같은 사람에게는 부서진 건 부서진 것대로 남아 있어요. 마음의 상처는 고스란히 남아 있어요. 부서진 것과 죽은 사람

을 되살리는 건 불가능해요. 다시 시작하는 게 아니라 새로운 걸 만들어 가야 한다고 생각합니다(あしなが育英会 1996).

가족 관계의 균열

재난이 가족에게 끼친 가장 심각한 타격은 사별이다. 앞에서 아이를 잃은 부모와 부모를 잃은 아이의 이야기를 각각 소개했는데, 실제로 부모와 자녀를 모두 잃은 가운데 살아남은 사례도 적지 않다.

재난은 사별을 비롯해 가족 관계에 다양한 영향을 끼친다. 가족 구성원 각자의 상처가 서로 영향을 주고받으며 새로운 문제가 발생하기도 한다. 여기에서는 '가족의 상처'라는 관점에서 가족 관계의 변화를 살펴보고자 한다.

대지진으로 가족의 유대가 단단해졌다는 미담이 신문 지면을 장식한다. 물론 위기 상황에서 단결한 가정도 있었다. 내 동료 간호사도 집이 부서져서 식구들이 다 함께 좁은 임시 거처에서 생활해야 했는데, "가족들과 전보다 친해졌다. 늦게까지 수다를 떨며 즐거울 때도 있다"라고 이야기했다.

하지만 반대로 재난을 계기로 부부 사이에 균열이 생긴 가

정도 적지 않았다. 예를 들면 현립여성센터 상담 전화에는 부부 관계에 관한 다양한 고민이 접수됐다. 1995년 7월 말까지 부부 관계 악화에 관한 상담이 622건에 달해 생활 상담에서 가장 큰 비중을 차지했다. 상담 내용은 다음과 같은 것들이다.

지진 직후에 생긴 배우자에 대한 불신이 생활이 안정된 이후에도 깊은 앙금으로 남아 있던 사례

- 지진 당시 남편이 말을 하지 않았다.
- 남편은 오사카에 가서 일만 하고 마음이 통하지 않는다.
- 남편이 가족을 버리고 자기만 도망쳤다.
- 위기 순간에 남편이 아이의 존재를 깜빡 잊었다.
- 남편이 식량을 혼자 먹었다.
- 남편의 음주가 늘고 폭력적으로 변했다.

생활 불안이 부부의 불화로 발전한 사례

- 지진으로 직장을 잃고 지금도 미래에 대한 희망이 없어 부부 싸움이 끊이지 않는다.
- 연금으로 생활하느라 집 수리비가 없다.
- 일을 구할 수 없다.

가장 일반적인 주제는 '재난 동거' 문제였다. 7월 말 현립여성센터에 들어온 인간관계에 관한 상담 중 40퍼센트 정도가 재난을 계기로 시작된 동거와 얽힌 문제였다. 예를 들면 이렇다.

- 장남인 남편이 의논도 하지 않고 자신의 부모님을 거두면서 아이를 유산했는데 며느리 노릇을 하라고 재촉한다.
- 부모님을 모셨더니 남편이 불평을 한다.
- 시댁에서 피난 중이어서 지친다.
- 시어머니를 돌보지 않을 거면 집에서 나가라는 남편.
- 집이 완파, 퇴원하는 시어머니를 일주일 동안 다른 곳에 부탁하려 했더니 남편은 어머니를 여기 보냈다 저기 보냈다 하지 말라면서 본인은 정작 무관심.

상담에서 눈에 띄는 것은 연로한 부모를 모시는 사례였다. 노인 중에는 노후화된 주택에 살고 있어 집을 잃은 사람이 많았다. 자녀들이 그들을 집에 데려오면서 이른바 '재난 동거'가 시작됐다.

마음의 준비를 충분히 할 여유도 없이 시작된 동거였다. 이는 노인에게도 자녀 세대에게도 스트레스였다.

노인은 잃은 것이 너무나 많다. 자녀가 거두어 줬다고 해서 마냥 기쁘기만 한 것은 아니다. '거두어 준다'라는 표현 자체가 굴욕적이다. 자신이 살던 익숙한 곳에서 벗어난 탓에 주변의 사정을 알지 못하고 젊은 세대에 의존해야 하니 답답하기도 하다. 자녀들도 재난을 입고 여력이 없을 수 있다. 그런데도 부모를 거두고 보살펴야 한다는 책임감이 머릿속에 가득하다. 여성센터 소장인 기요하라 가코 씨에 따르면, "재난이라는 위기 상황에서 장남과 며느리의 전통적인 역할 의식은 강화됐다."

무리한 동거를 계속하는 동안 다양한 문제가 발생한다. 참다못한 며느리에게 심신의 문제가 생기거나 부부간 의견 충돌로 서로를 향한 불신이 더해지기도 한다. 다만 이는 재난으로 처음 발생한 문제라기보다 예전부터 잠재해 있던 문제가 드러났다고 봐야 할 것이다. 대지진 후 부부 사이에 골이 깊어져 이혼으로 이어진 사례도 있었다.

하지만 나는 병원에서 진료하면서 환자들에게 이런 이야기를 들은 적이 별로 없었다. 고민이기는 해도 치료가 필요한 문제는 아니기 때문이다. 그래서 재난 동거에 관한 고민 상담은 정신과보다는 '여성센터'에서 많았던 것 같다.

내가 병원에서 본 재난 동거 사례는 여성센터의 상담 사례와는 조금 양상이 다르다. 재난 전부터 정신질환을 앓던 환자가 가족 관계의 변화로 증상이 심해진 사례였다.

조현병을 앓던 한 중년 여성은 어머니와 둘이서 살고 있었다. 하지만 대지진 후 피해를 본 친척들이 한꺼번에 집에 들이닥쳐 한때는 열 몇 명이 함께 지냈다고 한다. 그녀는 가만히 숨을 죽이고 조용히 지냈지만, 점점 함께 지내는 사람이 늘자 혼잣말이 늘고 불안해졌다. 그 후 급속하게 병세가 악화했다.

정신질환이든 신체 질환이든, 어려움이 있는 사람들과 직접 마주하는 건 함께 사는 가족들이다. 그들에게 가족의 변화는 큰 타격을 주는 사건이다. 부모, 친척과의 동거로 인해 장애를 지닌 가족을 제대로 돌보지 못하게 된 것이다.

부부간의 상처는 다른 가족 구성원에게도 커다란 영향을 준다. 특히 자녀는 부모의 불화에 민감하다. 비좁은 임시 주택에서 부모는 다투고, 아들은 아침까지 밥상에 말없이 엎드려 있었다는 이야기를 들었다. 신경이 날카로워진 부모가 아이를 꾸짖다가 폭력에 이르기도 한다.

대지진 후 민간 차원에서 '여성의 몸과 마음에 관한 무료 전화 상담'을 시작한 히가시야마 치에 씨에게 아동 학대에 관한 다양한 상담이 들어왔다. 히가시야마 씨는 다음과 같은 사례를 소개했다. 한 어머니의 상담 내용이다.

두 살이 안 된 아들이 있다. 대지진으로 베이비시터가 없어졌다.

일을 사랑하고 맡은 역할도 있으니 회사를 그만둘 생각은 없다. 대지진 이후로 일도 바쁘고 스트레스도 많다.

아이는 시끄럽고 더럽고 성가시다. 시어머니도 남편도 같은 생각이어서 어떻게 하면 좋을지 판단을 못 하겠다. 화가 나서 정신을 차리고 보니 아이의 머리카락을 뽑고 있었다(東山千絵 1996).

아이는 부모에게 의존해서 살아가기 때문에 스트레스에서 벗어날 수 없다. 부모의 스트레스는 그대로 아이에게 이어지는 경향이 있다.

효고현 임상심리사회가 연 전화 상담 '마음 핫라인'에도 아이에 관한 다양한 고민 상담이 들어왔다. 상담 내용이 많은 순서대로 나열하면 다음과 같다.

- 학교에 가기 싫어한다(24퍼센트).
- 야경증·한밤중에 울기(16퍼센트).
- 모자 분리 불안(유아 퇴행)(12퍼센트).
- 두려움(8퍼센트).

또한 모자위생연구회가 1995년 5월부터 8월에 걸쳐 고베, 니시노미야, 아마가사키, 이타미, 아시야, 다카라즈카에서 1000

명 이상을 대상으로 실시한 조사에 따르면, 18개월 아동을 대상으로 한 건강진단(80퍼센트가 대지진 당시 12개월부터 14개월)에서 다음과 같은 영향이 나타났다(『朝日新聞』 1996/01/09).

- 밤에 잠투정이 심하다(약 40퍼센트).
- 신경이 예민해졌다(약 32퍼센트).
- 잠버릇이 나빠졌다(약 27퍼센트).
- 곧잘 울음을 터뜨린다(약 22퍼센트).

모두 대지진 후 영유아를 포함한 아동에게서 나타난 변화다. 이런 모습은 대지진 그 자체의 충격뿐만 아니라 지진 후에 생긴 생활의 혼란 및 부모의 스트레스가 자녀에게 영향을 미친 결과 발생했을 것이다. 어쨌든 자녀의 변화를 목격하면 가족 전원이 입은 마음의 상처가 영향을 끼친 것은 아닌지 먼저 생각해 볼 필요가 있다.

이런 가족 문제는 시간이 흐르면서 심각해지기도 한다. 물론 타격을 극복하는 가족도 많지만, 타격이 지속되면 다양한 증상이 가족 중 누군가에게 나타날 수 있다.

가족이 받은 스트레스는 대개 가족에서 가장 약자인 아동에게 '병'의 형태로 나타난다. 이런 종류의 만성적인 스트레스는 영향이 바로 드러나지 않는 만큼 간과하기 쉽다.

그렇게 되기 전에 가족에 대한 돌봄이 필요하지 않을까. 즉, 환자가 되기 전에 고민 상담 단계에서 스트레스를 줄일 수 있게 도와야 한다.

먼저 전화 상담이 중요하다. 전화는 가장 간편한 상담 수단이다. 그 사람이 스스로 대처할 수 있도록 조언할 수 있다면 좋은 결과를 얻을 수 있을 것이다.

둘째로 '정신과'를 전면에 드러내지 않는 상담 창구를 확충해야 한다. 일반적인 건강·생활·취직·법률 등의 상담에는 가족 문제가 반드시 얽혀 있다. 거기에 정신·심리 전문가가 추가로 연계하면 좋을 것 같다. 현실적인 해결책을 고민하면서 심리적인 면에서도 변화를 이끌어 내는 방법이 효과적일 것이다.

로버트 C. 볼린Robert C. Bolin*에 따르면, 가족의 회복은 감정·경제·주거·생활의 질까지 네 가지 측면에서 살펴볼 수 있다. 재난으로 인한 대표적인 영향은 사별, 실업, 임시 주택, 빈곤 등이다. 이런 스트레스에 노출된 가족의 회복에는 아직

---

 * 미국의 사회학자. 자연재해 이후 가정과 지역사회의 회복에 관해 연구했으며, 대표적인 저서로 『지진 이후 가정과 지역사회의 회복』Household and Community Recovery After Earthquakes(1994) 이 있다.

많은 도움이 필요하다. 이런 가족들이 아직 수만 가구나 된다는 것이 재난 지역의 현실이다.

3

그 후의

마음 돌봄 활동

'마음돌봄센터'의 설립

한신 대지진에서는 자원봉사자와 지자체 파견 의료반을 통해 다양한 정신보건 활동이 이루어졌다. 하지만 활발한 시기는 지진 후 2, 3개월뿐이었다. 이후에는 공공 기관이 이어받을 부분은 이어받아 장기적으로 다양한 시도를 할 필요가 있었다.

그렇게 대지진 부흥 사업의 하나로서, 비록 5년 한정 사업이지만 마음돌봄센터가 6월에 설립됐다. 운영 주체는 효고현 정신보건협회로, 열두 곳에 설치된 지역 센터들과 전체를 총괄하는 중앙 센터로 이루어져 있었다.

나는 이 센터의 설립 과정을 가까이에서 봤는데, 설립 당시에는 어려움이 많았다. 지금까지 없었던 시도인데다 충분한 준비 기간도 없이 출범했기 때문이다. 마음돌봄센터란 무엇인지, 무엇을 하는 곳인지 또는 무엇을 해서는 안 되는지 누구도 구체적으로는 알지 못했다. 적어도 센터 설립 시점에 명확한 비전을 가진 사람은 없었을 것이다. 마음돌봄센터가 역할이 분명하지 않다 보니 기존 조직들과도 여러 마찰이 있었다. 특히 지역 보건소와 마음돌봄센터 활동이 겹치는 부분도 있어서 서로 연계하는 데 어려움을 겪는 듯했다. 하지만 밑바닥에서 출발한 마음돌봄센터도 조금씩 궤도에 오르기 시작했다.

가토 히로시 선생은 마음돌봄센터의 활동을 다음의 세 가지로 나누어 설명했다.

첫째로, 개인 돌봄이다. 여기에는 임시 주택의 세대 방문과 지역 센터에서의 개인 상담이 있다. 직접 그 사람의 고민을 듣고 해결 방법을 생각하는 활동이다.

전화 상담도 개인 돌봄 중 하나다. 가장 부담 없는 전화 상담은 그 후에도 필요했다. 마음돌봄센터는 자원봉사자들이 활동하는 전화 상담 서비스에 자금을 지원해 운영 기간을 1996년 3월 말까지 연장했다.

둘째로, 지역의 돌봄이다. 많은 주민이 선택의 여지도 없이 원래 살던 곳에서 떨어진 지역에 있는 임시 주택에 입주했다. 주위에는 낯선 사람들뿐이었다. 임시 주택들로만 이루어진 단지에서 지역사회를 조성하는 일은 중요한 과제였다.

새롭게 지역 주민이 된 사람들 간에 교류를 넓히기 위해 1995년 여름에는 자원봉사자들이 여러 임시 주택에서 축제 행사를 열었다. 마음돌봄센터 직원들도 정신보건을 위해 주민들에게 마음의 긴장을 푸는 법을 알려 주는 강습을 열거나 대지진 체험을 이야기하는 좌담회를 열기도 했다.

셋째로, 돌봄을 제공하는 사람을 보살피는 역할이다. 예를 들면 고베시 중심부에는 '지역형 임시 주택'이라고 하는 시설이 있다. 심신에 장애가 있는 사람들이 지내는 이곳에서는 생활 지원 상담원들이 입주자를 돌보고 있다.

이런 지역형 임시 주택 안에서 정신보건과 관련된 문제가 발생할 때가 있다. 예를 들면, 입주자가 규칙을 지키지 않거나 부적절한 언행을 하는 경우다. 생활 지원 상담원만으로 대처하기 어려운 상황이 생겼을 때는 마음돌봄센터 직원이 전문적인 조언을 하고 있다.

임시 주택에는 자원봉사자, 보건소, 마음돌봄센터 등 여러 조직이 관여하고 있다. 각자가 협력하면서도 특색을 살린 활동을 한다면 이상적일 것이다.

그런데 임시 주택은 예상외로 넓은 지역에 분포해 있다. 가코가와, 히메지 등 피해 지역에서 떨어진 곳도 있고, 효고현을 벗어나 오사카에도 있다. 변두리 지역에 있는 임시 주택은 언론도 쉽게 지나치는 경향이 있었다. 마음돌봄센터는 이처럼 관심의 사각지대에 놓인 지역에서도 활동하고 있다.

여기까지가 임시 주택에 사는 사람들에 대한 주된 마음 돌봄 활동이다. 하지만 임시 주택에도 입주하지 못하고 현 밖으로 거처를 옮긴 이재민들도 많다. 그들 역시 대지진의 충격을 크게 입은 사람들이지만 대지진 직후에는 그다지 주목받지 못했다.

이는 재난 지역의 마음 돌봄 활동이 너무 바빠서 여력이 없던 탓도 있지만, 동시에 이들이 거처를 옮긴 곳의 주소를 파악하기 어려웠기 때문이기도 하다.

마음돌봄센터 활동은 이처럼 주로 재난 지역과 그 주변 지역을 대상으로 하지만, 만약 가까운 장래에 다른 지역에서 대규모 재난이 일어났을 때도 출동할 수 있다. 마음돌봄센터에 기대하는 역할은 재난 지역의 돌봄에만 있지 않다. 다음에 재난이 일어났을 때, 지금의 경험을 어떻게 살려 극복할 것인가 하는 과제도 있다.*

『간토 대지진』關東大震災(2004)의 저자 요시무라 아키라吉村昭 씨가 과거 간토 대지진에서 얻은 교훈이 한신 대지진 대응에서 거의 활용되지 못했다고 지적하며 분노하는 기사가 어느

---

* 실제로 마음돌봄센터는 한신 대지진 이후에도 2004년 니가타현 주에쓰 지진, 2011년 동일본 대지진, 2016년 구마모토 지진 등의 여러 재난 현장에서 자원 활동을 벌였다.

일간지에 실렸다. 충격적인 체험도 오랜 세월이 흐르다 보면 점차 무뎌지는 모양이다.

한신 대지진에서 얻은 교훈을 다음 재난에서 살리려면 객관적인 데이터를 남겨 둘 필요가 있다. 특히 대지진 직후의 정신과 구호 활동 데이터는 무척 중요하다. 그러므로 효고현, 고베시, 그 밖의 지자체 영역을 넘어선 전체 재난 지역에 관한 조사와 연구를 추진해야 할 것이다.

대지진이 남긴 수많은 과제를 기존의 기관이 전부 감당하기는 불가능하다. 분명 마음돌봄센터는 많은 기대를 받고 있지만, 공공 기관의 수직적인 행정 때문에 여러 어려움에 직면해 있다.

하지만 이 또한 한신 대지진에서만 있는 일은 아니다. 라파엘은 다음과 같이 말했다.

조직 차원에서는 각 조직 간 관계가 서서히 평소와 같이 회복하면서 일시적인 통합 시스템에 따른 대응은 줄고, 점차 평소에 이루어지던 여러 대응 방식으로 되돌아간다. 해당 지역사회 내 구호·복구를 담당하는 다양한 조직이 각각의 관할, 권한, 직무 등을 재인식하면서 알력 다툼이 재발한다.

마음돌봄센터가 제대로 기능하기 위해서는 관계 기관의
이해가 필요하다.

남아 있는 자원봉사자들

1995년 11월에 나는 고베시 주오구에 있는 고바야시 가즈 선
생의 진료소를 방문했다. 고바야시 선생은 나의 선배 의사이
기도 했다.

그녀는 지진 후 신속하게 이재민을 대상으로 전화 상담을
시작했다. 이 전화 상담은 24시간 열려 있다는 점에서 획기적
이었다. 고바야시 씨는 민간의 위치에서 정신과 의사와 임상
심리사, 자원봉사자들을 모집해 어려움 속에서도 '24시간 이
용 가능한 전화 상담'을 실현한 것이다. 그리고 놀랍게도 이 전
화 상담은 마음돌봄센터의 지원을 받아 1996년 3월 말까지 계
속됐다.

상담은 저녁부터 오후 10시 무렵 사이에 많았고, 하루 평
균 7, 8건이라고 했다. 이런 식의 야간 대응은 대체로 오전 9시
에 시작해 오후 5시에 끝나는 기존의 공공 기관에서는 불가능
한 일이었다. 이후에 마음돌봄센터에서 전화 상담 자원봉사자

들에게 자금을 지원하기는 했지만, 겨우 식비 정도의 금액이었다. 이 사업은 대부분 고바야시 씨 개인의 노력으로 유지됐다.

이는 고바야시 씨 본인이 대지진으로 집을 잃고 진료소에서 살고 있었기 때문에 가능한 일이었다. 재난 지역에는 처음에 자원봉사자가 많았지만 점점 그 수가 줄어들었다. 전화 상담 역시 자원봉사자를 충원하는 데 애를 먹고 있었다. 그래서 자원봉사자가 없을 때는 고바야시 씨가 직접 전화를 받고 상담에 응했다.

한편, 내가 그날 고바야시 씨를 찾아간 것은 이쿠타 겐이치라는 시코쿠에서 온 정신과 의사를 만나기 위해서였다. 그는 이미 몇 번이나 전화 상담을 도우러 고베에 온 적이 있었다. 이쿠타 씨처럼 계속해서 자원봉사에 참여하는 사람을 '리피터' repeater라고 불렀다. 어떻게 몇 번이나 재난 지역에 자원봉사를 오는 것일까. 어떤 심정으로 계속하고 있는 걸까. 이쿠타 씨는 부끄러워하며 이렇게 말했다.

신세를 졌던 분에게 자원봉사 요청이 와서 응했을 뿐이지 제가 나서서 한 건 아닙니다. 그러니 '순수한 자발적 동기'라고 볼 수는 없지요. 자원봉사로 이런 일을 한다고 말하면 뭔가 대단하게 들리잖아요. 백지장도 맞들면 낫다고 생각해요. 이제는 자원봉사에 즐거움과 만족감을 느끼게 됐어요. 그래서 계속 찾아오는 거겠죠.

이쿠타 씨의 겸손한 말을 들으니 난 그제야 이해할 수 있었다. 대지진 직후 불었던 자원봉사 열풍에서는 어딘가 들뜬 분위기를 느꼈지만, 그의 태도는 달랐다. 이쿠타 씨에게는 마치 "잠깐 들렀어요"라고 말하는 듯한 여유로움이 있었다.

그날 밤, 나는 고바야시 씨, 이쿠타 씨와 늦게까지 열띤 이야기를 나눴다. 자원봉사 활동이 없었다면 이들과 함께 이야기를 나눌 일도 없었을 것이다. 자원봉사가 이어 준 신기한 인연이었다.

이처럼 자원봉사를 인연으로 알게 된 정신과 의사로는 간토 지방의 나카타니 마사키 씨가 있다. 그는 자신이 근무하던 병원에서 파견돼 고베 시내에서 정신과 구호 활동에 참여했고, 평상시에도 정신질환자의 사회 복귀 활동에 힘을 쏟던 임상의다. 그래서 대지진 후에 재난 지역의 정신질환자들을 돕고 싶다는 목적의식이 뚜렷했다.

나카타니 씨는 자원봉사 활동을 하면서 고베의 한 정신 재활 시설 사람들과 친해졌다. '정신 재활 시설'이란 정신질환자를 위한 일종의 사회 복귀 시설이다. 시설이라고 해봤자 낡은 민가를 이용해 소규모로 운영되는 곳이 많아 대지진으로 대부분 부서져 버렸다.

나카타니 씨는 첫 자원봉사를 마치고 돌아간 뒤에도 멀리에서 정신 재활 시설 재건에 꾸준히 관심을 기울였으며, 그 후에도 고베를 몇 번씩 찾았다.

나는 학회 일로 도쿄에 갔을 때 나카타니 씨를 만날 기회가 있었다. 그는 대지진 자원봉사 체험에 관해 내게 여러 이야기를 들려주었다.

처음 자원봉사를 갔을 당시에는 생각처럼 성과가 나지 않아서 아쉬웠어요. 하지만 이후 고베에 갈 때마다 시민들과 정신 재활 시설 사람들이 재난을 극복하려고 애쓰는 모습을 보고 오히려 제가 위로를 받았어요. 뭔가에 공헌한다기보다 나를 위해 하는 일이라는 기분이 들어요.

나카타니 씨는 재난 지역 주민인 내가 부끄러워질 정도로 고베의 지역 의료에 관해 열정적으로 이야기했다.

이쿠타 씨도 나카타니 씨도 본업이 무척 바쁜 와중에도 귀중한 시간을 내서 지금도 재난 지역을 돕고 있다. 두 사람 다 "자신을 위한 일"이라고 말하며 활동의 성과에 대해서는 무척 조심스러운 태도를 보였다.

12월이 된 이후에도 나카타니 씨는 떡 찧기 행사를 위해 고베에 와줬다. 그가 근무하는 병원의 사회복지사와 간호사도 함께 왔다. 떡 찧기 행사는 임시로 정신 재활 시설이 세워진 니시나다 공원에서 열렸다. 정신 재활 시설에 다니는 환자들, 보건소의 사회복지사, 그 밖에 많은 자원봉사자가 왔다.

일요일 오전, 나도 두 살 난 딸을 데리고 떡 찧기 행사에 잠깐 들렀다. 나카타니 씨는 마치 그 지역 주민처럼 열심히 찹쌀을 옮기기도 하고, 떡을 찧기도 했다. 근처 임시 주택 사람들에게도 떡을 나눠 줬다. 공원 주위에는 붕괴된 아파트가 아직 철거되지 않은 채로 남아 있고 곳곳에 공터가 눈에 띄었지만, 공원의 한구석에는 평온한 분위기가 감돌고 있었다. 나는 정말 오랜만에 떡 찧는 모습을 봤다. 혼란스러웠던 지진 직후에는 이렇게 연말에 떡을 찧으리라고는 상상조차 할 수 없었다.

자원봉사자가 열띤 활약을 하던 시기는 이제 그리운 추억이 됐다. 그 많은 사람과 더는 만날 기회가 없을지도 모른다. 하지만 지금도 꾸준히 보이지 않는 곳에서 활동하는 리피터들이 있다. 그들의 존재가 얼마나 귀한지는 아무리 강조해도 부족하다. 리피터들은 재난 직후 혼란기의 구호 활동과는 다른 섬세한 활동을 하고 있다.

이쿠타 씨, 나카타니 씨 외에도 나는 훌륭한 임상의들을 많이 만났는데, 대다수는 대지진 당시 자원봉사를 인연으로 알게 된 사람들이다. 좋은 일이라고는 하나도 없었던 대지진이지만, 내가 유일하게 좋았던 건 이들을 만났던 일이다.

학교의 시련

대지진 직후에는 많은 학교가 '대피소'가 됐다. 학교는 평상시 모습과는 전혀 다른 공간으로 변했다. 현관에는 행정 기관에서 나온 공지 사항, 자원봉사 정보, 실종자를 찾는 글 등 여러 전단이 붙어 있었고, 임시 전화기도 놓여 있었다. 운동장에는 대피 주민들의 차량이 줄줄이 세워져 있고 구호물자 보관소, 취사장, 임시 샤워장도 마련돼 있었다.

주민들은 대개 체육관, 강당, 교실에서 지냈는데, 복도까지 사람이 들어찬 곳도 있었다. 학교지만 오가는 아이들은 드물었고, 낮에는 오히려 노인들이 눈에 띄었다. 옷만 하나 달랑 걸치고 도망친 사람도 있어서 후줄근한 옷이나 운동복 차림의 사람이 많았다.

학교 선생님들과 자원봉사자, 일부 주민들이 열심히 대피소를 청소했지만, 그래도 담뱃재나 빈 캔이 떨어져 있었다. 술병과 맥주 캔도 섞여 있었다. 피임 도구가 떨어져 있었다는 이야기도 들었다. 평상시라면 학교에서 공공연하게 볼 수 없을 물건들이 숱하게 눈에 들어왔다. 이미 학교의 자취는 사라졌고, 이곳이 예전부터 줄곧 대피소였던 것 같은 착각마저 들었다.

대피소가 된 대다수 학교의 관리는 선생님들이 맡고 있었다. 대피소 운영은 본래 학교의 업무도 아니었고, 선생님들이 원한 것도 아니었다. 교장 선생님과 교감 선생님까지 학교에서 먹고 자며 지냈다. 힘든 역할이었지만 내팽개칠 수는 없었다. 선생님들은 한시라도 빨리 원래 상태로 돌아간 학교에서 자기 일을 하고 싶었을 것이다. 하지만 이재민들이 갈 곳이 생길 때까지 이들을 학교에서 내보낼 수 없다는 점도 잘 알고 있었다.

우리가 구호 활동을 벌인 미나토가와 중학교의 기시모토 이시네 교장은 나중에 이렇게 썼다.

나는 대피소를 운영하면서 이곳에서 지내는 분들과의 신뢰 관계를 가장 소중하게 생각했다. 신뢰 관계만 제대로 있다면 학교의 입장도 이해해 주리라 믿었다. 자치 조직을 만든 것도 그런 생각에서였다. "대피소 주민들을 세심하게 배려해 주세요. 사소한 갈등으로 지금까지 열심히 해왔던 일이 물거품이 될 수 있습니다. 저도 그 점을 유념하고 있어요"라고 선생님들에게 당부했다(神戸市 湊川中學校 1995).

선생님들은 대피소와 학교 사이에서 난처한 상황이었다. 당시 기시모토 교장은 지친 얼굴로 미소를 지으며 우리에게 이렇게 말했다.

"여기는 다른 사람이 대피소로 계속 운영하게 하고, 우리는 임시 학교라도 세우고 싶어요."

나는 뭐라고 해줄 말이 없었다.

정신과 구호 활동으로 여러 대피소를 돌며 상담을 할 때면 교장 선생님을 찾아가 간단히 인사를 했다. 교장 선생님 중에는 피로가 눈에 띄게 쌓인 사람, 초조함을 느끼는 사람이 있었다. 마침 정신과 의사이자 유명한 작가인 가가 오토히코 씨가 2월 초순경 자원봉사를 하러 고베 대학 병원 정신과에 와주었다. 베테랑인 가가 씨가 교장 선생님들의 순회 상담을 맡아 준다니 더없이 반가운 일이었다. 나와 자원봉사 의사들은 젊어서 아무래도 관록이 부족했기 때문이다.

가가 씨는 당시 상황을 다음과 같이 말하고 있다.

내 방문 자체를 거부하는 사람도 있었다. 이 바쁜 시기에 쓸데없는 이야기를 할 시간이 없다는 태도를 보이며 무척 성가셔 하는 반응이었다. 하지만 참을성 있게 말을 건네자 속마음을 털어놓기 시작하더니, 정부의 일방적인 강요와 선의라고는 하지만 제멋대로 구는 자원봉사자들의 행동, 언론 보도 행태에 대한 비판을 쏟아 냈다(中井久夫 1995).

이처럼 학교 선생님들은 갑자기 중대한 역할을 떠맡은 스트레스로 녹초가 돼 있었다. 하지만 스트레스를 받는 건 선생님뿐만이 아니었다. 아이들도 여러 스트레스에 시달리고 있었다.

2월 이후 대부분의 학교가 부분적으로 수업을 재개했다. 물론 체육관과 다른 교실에는 여전히 주민들이 많이 살고 있었다. 학생들은 놀 곳이 없어서 운동장에 주차된 차들 사이를 뛰어다녔다. 많은 아이가 수업에 관심을 보이지 않았고, 주의력도 떨어졌다. 아이들도 마음이 뒤숭숭하기는 마찬가지였다. 지진 발생 당시 죽음을 직접 목격하거나 집이 무너지는 등 충격적인 체험을 한 학생들이 많았던 것이다.

벽이 떨어져 나가고 아수라장이 된 방을 보면 뭐라고 말하기 힘든 감정이 차오른다. 평범한 하루하루가 똑같이 반복되던 그때로 돌아가고 싶다. 멍하니 있으면 평범했던 그 시절이 떠오른다. 뭔가 색다른 일이 없을까 생각해서 이런 일이 일어난 건가 싶어 자신이 미웠던 적도 있다. **중학교 2학년 나카타니 데루미**(神戸市 湊川中學校 1995).

학생들이 입은 마음의 상처를 어떻게 돌봐야 좋을지 고민하는 선생님도 있었다.

순진한 학생들은 "선생님, 집이 홀랑 타버렸어요"라며 아무렇지 않게 말한다. 뭐라고 위로의 말을 해야 할지 모르겠다. "괜찮아?"라는 말을 걸기도 힘들었다. 원래는 재난 직후에 각 가정에 방문해서 상황을 묻고 위로하는 게 교사의 업무지만 그렇게 할 수 없었다. 지금도 그게 마음에 걸린다.

현재 대다수 대피소는 문을 닫고 학교는 평상시 모습으로 돌아갔다. 하지만 상처를 입은 아이들은 아직 대지진 이전의 마음 상태로 돌아가지 못했다. 학교는 아이들에게 마음의 '대피소'가 될 수 있을까. 아이들의 상처는 어딘가에서 누군가가 받아 줘야만 한다.

아직 대피 주민이 있는 학교도 있지만, 많은 학교가 대피소로 쓰이던 시련에서 이제 벗어났다. 하지만 상처 입은 학생들, 그리고 선생님들이 마음을 회복하는 데는 상당한 시간이 걸릴 것이다. 그런 의미에서 아직 시련은 끝나지 않았다.

10월 말 즈음 나는 고베의 미나토가와 중학교의 보건 교사인 아오토 가쓰코 씨를 만나러 갔다.

보건교사는 학교 보건실에서 근무하는 교사다. 지금 전국적으로 보건교사는 학교에서 대단히 중요한 역할을 맡고 있다. 보건실이 학교 안에서 관리와 평가, 경쟁 대신 휴식이 있는 특별한 공간이기 때문이다. 학교에 제대로 적응하지 못하는 아이 중에는 보건실을 이용하는 경우가 많다. 그래서 보건교사는 다른 선생님들보다 아이들의 생활을 잘 알고 있다.

우리는 대피소 구호 활동 당시 보건실을 대기실로 사용했다. 아오토 선생님은 우리의 구호 활동을 다방면에서 지원해 주셨다. 재난 구호 활동은 어쩌면 평상시 보건실 업무의 연장선 위에 있었는지도 모른다. 나는 당시 '학교에 보건실이 있어서 다행이다' '보건실이 있는 학교가 대피소가 돼 다행이다'라고 생각했다.

8월에 고베시가 대피소 폐쇄를 결정하고 두 달 뒤에도 미나토가와 중학교에서 계속 생활하는 사람은 16명이었다. 한편 학교는 거의 예전으로 돌아가 수업과 방과 후 활동도 진행 중이었다.

대피 주민을 존중하기는 하지만, 이따금 학생들과 작은 갈등은 있다고 한다. 공이 잘못 날아드는 정도의 일이기는 하지만······. 학생들이 다니는 학교에서의 생활은 주민들에게 상당한 스트레스일 것이다. 마음이 초조해지는 것도 당연하다. 하지만 아오토 선생님에 따르면, 주민뿐만 아니라 학생들 사이에서도 초조함이 사라지지 않는다고 했다. 또 등교 거부, 싸움, 비행이 재난 이전보다 많아져서 선생님들이 대응에 애를 먹고 있었다.

아이들은 선생님 앞에서는 언뜻 아무렇지도 않은 것처럼 굴지만 선생님들은 그런 표정 뒤에 숨긴 초조한 마음이 느껴진다고 말한다. 가와노 세이지 교감은 이렇게 말했다.

학생들은 아무래도 마음이 심란한 듯합니다. 하지만 좀처럼 겉으로는 드러내질 않아요. 저는 대지진 직후에 '마음 돌봄'이란 말을 들어도 무슨 말인지 감이 안 왔는데, 지금은 알 것 같아요. 아이들의 마음을 어떻게 돌보면 좋을지 고민합니다. '마음 돌봄'은 앞으로도 계속 필요하지 않을까요?

대지진이 아이들에게 준 영향에 관해 다양한 기관이 조사를 진행 중이다. 예를 들면 도요나카 시립 교육연구소가 진행하는 상담에서는 지진 후 집에 틀어박혀 지내거나 잠을 못 자거나 집중력이 저하된 아이들의 사례가 눈에 띄게 늘었다.

중요한 건 이런 모습들이 결코 이례적인 사례가 아니라 대다수 아이에게 어느 정도 나타나고 있다는 점이다. 선생님들은 재난 지역 아이들 사이에 흐르는 초조한 공기를 느끼고 있었다. 이는 수치상으로 나타낼 수는 없을지라도, 현장에서 느껴지는 대단히 중요한 감각이다.

그 후 12월 초에 나는 미나토가와 중학교를 다시 방문할 기회가 있었다. '학교 보건 연구회'에 참석해 달라는 요청이 있었기 때문이다. 당일 강당에는 전교생이 모여 있었다. 교감 선생님, 아오토 선생님, 학교 담당의와 함께 나는 단상 위에 앉았다. 먼저 아오토 선생님이 건강진단 결과를 보고했다. 대지진의 영향으로 비만, 충치가 늘었다고 한다. 재난 스트레스로 인한 과식, 체육 수업과 방과 후 활동 중단에 따른 운동 부족이 비만의 원인이었을 것이다. 또한 충치가 늘어난 이유도 대지진 이후 생활 습관이 달라진 동시에 물 공급이 끊겨 양치를 제대로 할 수 없었기 때문이다.

그 후 보건 위원을 맡은 학생이 생활 실태에 관한 설문 조사 결과를 발표했다. 이 학교에서는 주택이 완파 또는 반파된 학생이 80퍼센트를 넘었다. 멀리 떨어진 임시 주택이나 임시 거주지에서 다니느라 통학에 1시간 이상 걸리는 학생도 있었다.

설문 조사 마지막 질문인 "지금 고민하는 것"에 대한 답변에는 대지진으로 인한 생활 변화에 방황하는 학생들의 속마음이 고스란히 드러나 있었다. "빨리 집이 지어지면 좋겠다" "임시 주택에 살고 있어서 불편하다" "학교가 멀어져서 통학이 힘들다" "빨리 집에 돌아가고 싶다"라는 답변이 상위를 차지했다.

그 후 학교 담당의와 내게 학생들이 여러 질문을 던졌는데 딱히 대지진에 관련된 질문은 없었다. 학생들은 대체로 걱정 없고 평온한 분위기였다. 적어도 나는 무거운 공기를 느끼지는 못했다.

하지만 학생들이 편안하지만은 않다는 이야기를 선생님에게 들었다. 부모가 일상을 재정비하는 데 신경을 쏟느라 아이를 충분히 보살피지 못하는 가정이 많다는 것이다. 대체로 태연해 보이는 아이가 마음속에 깊은 상처를 감추고 있는 경우가 많다. 그러므로 겉모습만으로 아이의 마음을 판단하지 않도록 주의해야 한다.

대지진의 영향은 지진 발생 당시의 충격적인 체험에 그치지 않고 가정에서 생활하면서 받는 스트레스로 퍼져 갔다. 대지진 후에 생활이 크게 달라진 가족이 적지 않았다. 그중에는 생활고, 부모의 불화, 부모의 알코올 문제 등으로 발전한 가정도 있다. 이런 변화는 아이의 마음을 한층 더 압박한다.

각각의 사례를 보면, 그런 가정 문제는 대지진 이전부터 잠재돼 있었을지도 모른다. 하지만 대지진이 직·간접적으로 많은 가정의 일상을 달라지게 한 것은 분명한 사실이다. 집안의 어수선한 분위기는 그대로 학교에서도 이어진다. 아이는 집을 벗어나 생활할 수 없기에 가정의 스트레스에서 도망칠 수 없다.

대지진 이후 시간이 흐르면서 문제는 더욱 복잡해지고 만성화된다. 대지진의 영향인지 애초에 그 가정의 문제가 원인인지 점점 판단이 어려워진다. 이런 경향은 앞으로 더욱더 심해질 것이다. 그리고 대지진의 '영향'은 여러 가지 다른 스트레스에 가려 보이지 않게 될 것이다.

아이들이 느끼는 마음의 부담을 없애는 일은 결코 간단하지 않다. 아이 개인에 대한 돌봄에 그치지 않고, 아이의 가정에 개입해야 할 필요가 생기기 때문이다.

아이들이 학교에 있는 동안 조금이라도 안심하고 쉴 수 있는 오아시스와도 같은 공간을 마련해 주는 것이 필요하다. 그래서 보건실과 보건교사의 존재가 중요하다. 현재 '따돌림' '자살' 등 아이들이 겪는 마음의 문제에 대한 관심이 커지고 있다. 대지진을 계기로 학교 보건 현장에서 아이들의 마음을 돌보는 노력이 더욱 활발해지기를 소망한다.

4

대피소와 임시 주택의

현실

자립까지의 장벽

대피소에서 만난 사람들은 하나같이 빨리 임시 주택으로 옮기고 싶다고 말했다. 임시 주택은 힘든 대피소 생활에서 벗어나기 위한 생명줄이었다. 첫 임시 주택은 2월 2일, 아와지섬에 생긴 4개 세대였다. 2월 7일, 고베시에서 1차 추첨이 있었다. 그다음 몇 번으로 나눠 모집했는데, 응모자는 네 단계로 나뉘어 우선순위가 정해졌다. 고령자, 장애인, 모자 가정 등이 1순위였다. 이 우선순위는 실제 운용에서는 몹시 불공평하다는 느낌을 받았다.

내가 처음 본 임시 주택은 미나토가와 중학교 근처의 아라타 공원에 있었다. 3월 말, 바깥에 이불을 널어 둔 모습을 보고 이미 입주한 사람이 있음을 알았다. 벌써 벚나무가 꽃을 피우기 시작한 시점이었다. 올해도 어김없이 찾아오는 봄이 신기하게 느껴졌다. 그 무렵에는 임시 주택이 지어진 모습을 보면 왠지 모르게 마음이 놓였다. 하지만 내가 임시 주택의 현실을 직접 눈으로 확인한 건 한참 뒤였다.

여전히 재난 지역은 힘든 상황이었지만 4월은 자원봉사자 수가 눈에 띄게 줄어든 시기였다. 신학기가 시작되면서 학생들이 한꺼번에 돌아간 것이다. 그와 함께 이재민 또는 재난 지역의 '자립'에 대한 이야기가 언론에 등장하기 시작했다. 지원이 이재민의 자립을 가로막기 때문에 바람직하지 않다는 것이었다. 하지만 나는 '자립'을 이야기하기에는 시기상조라고 생각했다.

물론 스스로 할 수 있는 일을 행정과 자원봉사에 의존하려는 사람도 있을지 모른다. 하지만 그것은 일부에게만 해당되는 이야기거나 일시적인 상황이 아닐까. 이재민들은 지원을 받고 이득을 봤다고는 생각하지 않을 것이다. 오히려 필요한 것을 지원받아야만 하는 상황은 그들에게 '굴욕'이다. 게다가 지원에 감사해야 한다는 암묵적인 분위기 때문에 이 굴욕감을 공공연히 드러낼 수도 없었다.

자립 속도는 사람마다 다르다. 빨리 회복하는 사람도 있지만, 좀처럼 원래 생활로 돌아가지 못하는 사람도 있다. 이를 이재민이 과도한 지원 때문에 의존이 심해져 자립하지 못한다고 단정 지어도 되는 걸까.

지원의 필요성이 없어진 것이 아니라 필요한 지원의 성질이 달라진 것이다. 사람들이 원하는 지원책은 복구 단계에 따라 달라졌다. 중요한 것은 시시각각 변화하는 필요 사항을 어떻게 파악하는가였다. 대부분의 구호 활동은 대피소를 대상으로 이루어졌다. 당연히 필요한 구호 활동이었지만 파손된 주택에서 계속 거주하던 사람 중에도 지원을 바라는 사람이 많았을 것이다. 그런 사람들은 자원봉사자와 접할 기회도 적어서 말 그대로 혼자 힘으로 생활을 유지하고 있었다.

2개월여가 지나고 겨우 수도가 복구되자 어느 중년 여성 환자는 "물 긷기는 이제 진절머리가 나요!"라고 몸서리를 치며 말했다. 또한 반파된 집 중에서 피해가 그나마 적은 집에 여러 명이 동거를 하는 경우도 있었다. 다들 대피소에서 지내는 사람들을 생각하면 살 곳이 있으니 그나마 다행이라고 생각했지만, 그렇다고 해서 언제까지나 견딜 수 있는 환경도 아니었다.

신기하게도 수도, 전기, 가스 등 생활 기반 시설이 복구되자 우리 병원을 찾는 사람들도 늘었다. 대다수가 대지진을 계기로 정신 건강에 문제가 생긴 사람들이었다.

어느 할머니는 몸의 떨림이 멈추지 않는다고 호소하며 병원을 찾아왔다. 동거하던 딸 부부는 바빠서 그녀의 말에 귀를 기울이지 않았다.

"가스가 들어오고 목욕을 할 수 있게 돼 안심했는데 몸이 떨리기 시작해서 무서워요"라고 할머니는 말했다. 그때까지는 멀리 있는 대중목욕탕이나 자위대에서 설치한 임시 목욕탕을 이용했단다. "목욕을 하는 도중에 지진이 오면 맨몸으로 혼자서 뭘 어쩌겠어요."

그러나 몸의 떨림 자체는 사실 지진 직후부터 줄곧 계속됐다고 한다.

"식구들한테 미안해서 병원에 못 왔어요. 내가 참으면 되겠지 싶어서."

그때까지 병원에 오지 않고 혼자서 어떻게든 극복하려고 했던 모양이었다. 가족들도 "언제까지 그런 소리를 할 거야"라며 질타했다.

이처럼 집에서 불편한 생활을 하면서 심신의 상태가 나빠져 고민하는 사람들이 많았다. 문제는 대피소뿐만이 아니었다. 대지진 후 맞이한 봄은 일단 재난 직후의 혼란이 가라앉는 시기였다. 그러나 재난 지역의 문제는 이후에 지속적이고 개별적으로 더욱 복잡다단해졌다. 다시 말해 '자립'은 단순한 목표가 아니라, 엄혹한 현실적 과제로서 앞을 가로막은 장벽이기도 했다.

대지진 후 많은 사람이 고베를 떠났다. 내 주위에서도 오사카나 교토로 이사를 간 집들이 많았다. 특히 미취학 아동이 동네에서 줄어든 것 같았다. 내가 담당하는 환자 중에도 고베를 떠난 사람들이 많이 있었다.

예를 들면, 40대 중반의 신경증 환자 K 씨는 원래 오사카 사람이었다.

"언제 다음 지진이 올까 걱정돼서 고베에서는 못 살겠어요. 다시는 돌아오지 않으려고요."

그는 이런 말을 남기고 일찍이 오사카로 이사를 가버렸다. 지금도 이따금 편지를 받는데, 이사한 뒤로 지진에 관한 이야기는 사라졌다. K 씨는 미련 없이 고베를 떠났다.

그와 반대로 대지진 후 6개월이 지나고 여름이 되자 현 바깥으로 대피를 했던 사람들이 차츰 고베로 돌아오기 시작했다.

오랜 세월 외래 통원 치료를 받았던 L 씨는 대지진 후 발길이 뚝 끊겼다. 나는 그가 몹시 걱정스러워 신문에서 사망자 리스트를 몇 번이나 살폈지만 L 씨의 이름은 없었다. 그런데 어느 날 그가 홀연히 진찰실에 찾아왔다. 햇볕에 피부가 탔지만 겉모습은 이전과 변함없었다. 쉰이 넘었는데도 어딘가 어린아이 같은 외모에 자유로운 분위기를 풍기는 사람이었다.

"집이 완파됐는데 용케 살아남았어요. 부모님도 무사하고요. 지금까지는 도쿄에 있는 누나 집에 있었어요. 이번에 임시 주택이 당첨돼 돌아왔어요. 지역은 고베시 니시구예요. 불편하지만 시골에 살아 보고 싶던 참이라 기대가 되네요."

L 씨는 그렇게 말하며 도쿄에서는 근처 신경과 진료소를 다녔다고 했다. 그가 무사하다는 것을 알고 오랜만에 반가운 이야기를 들으니 마음이 놓였다.

만성 조현병을 앓고 있어 일할 수 없는 L 씨는 담담하게 일상에서 즐거움을 찾는 사람이었다. 연로한 부모님과 살며 예전에는 가까운 공원을 매일 청소하기도 하고, 마음이 내키면 그림을 그렸다.

겨울이 되자 그는 밖에 모닥불을 피워 두었다. 그 자리에 이웃 아이들이 모여 몸을 녹이고 감자를 구워 먹으며 이야기를 나눴다. 근처 임시 주택에 살고 있는 어느 노인도 드럼통을 가져와 모닥불을 피웠다. 과거에 목수였던 이 노인은 자신의 기술을 살려 여러 집을 돌며 망가지기 쉬운 임시 주택을 무료로 수리해 주고 있었다.

중년 여성 환자인 N 씨도 최근 고베로 돌아왔다. 그녀는 대지진 후 도쿄, 오사카, 교토 등 형제들 집을 전전했다.

"형제가 많아서 도움을 받았네요."

N 씨는 그렇게 말하며 미소를 지었다. 지나칠 정도로 과묵했던 N 씨의 한마디에서 피난 생활의 고단함이 전해졌다. 몸도 야윈 것 같았다. 집은 반파됐지만 얼마 뒤 수리가 끝나면 원래 집으로 돌아갈 수 있다면서 그녀가 무심코 말했다. "얼마나 기다렸는지 몰라요. 역시 내 집이 좋아요."

한편 여전히 고베에 돌아오지 못하는 사람들도 있다.

예순이 넘은 O 씨는 신부전 때문에 일주일에 세 번 인공 투석을 했다. 그런데 지진 직후에 아파트 문이 열리지 않아서 며칠간 갇혀 지냈다. 그는 응급 구조대에 간신히 구조돼 곧장 인공 투석이 가능한 병원으로 옮겨졌다. 하지만 한 곳에서 치료를 계속 받지 못했고, 그 후 투석이 가능한 병원을 전전하다가 마침내 오사카의 병원에 안착했다.

O 씨는 몸 상태가 좋아지기 시작하자 택시를 타고 멀리서 외래 진료를 받으러 왔다. 그 밖에도 지병이 많은 O 씨는 병원에 올 때마다 세 개 정도의 과를 거치며 진료를 봤다.

"빨리 고베로 돌아오고 싶어요. 고베는 제가 나고 자란 곳이에요. 역시 고베가 좋아요. 오사카에는 적응이 안 돼요."

O 씨는 몇 번이나 그렇게 말했다.

그가 살던 아파트는 완전히 부서졌고, 언제 복구가 될지도 알 수 없다고 한다. 새로운 집을 찾고 있지만, 고베에서도 원래 살던 곳에서 떨어진 동네로는 가고 싶지 않다고 했다.

"옆 아파트는 안 무너졌는데 왜 우리 아파트만 무너졌을까요? 그런 생각을 하면 화가 나요."

O 씨는 다소 격앙된 목소리로 말했다.

그 후 가을 무렵에 O 씨는 마침내 고베로 이사를 왔다. 다만 적당한 집을 찾지 못해서 전에 살던 집 근처에는 살 수 없었다. 그래도 이사가 결정되자 "드디어 돌아갑니다"라고 말했다.

나는 운 좋게 집을 옮기지 않아도 됐지만, 지진 후 거처를 옮겨 다니는 스트레스는 생각보다 큰 법이다. 제대로 된 집이라고 해도 어디까지나 '임시 거처'이기 때문이다.

재난 지역에서 멀리 떨어지는 편이 오히려 재난 지역에 머무는 것보다 스트레스를 더 느낀다는 연구도 있다. 예를 들어, 라파엘에 따르면 1974년 오스트레일리아의 사이클론(열대성 저기압) 재난에서도 "같은 정도의 충격을 받은 사람들의 스트레스는 잔류한 사람이 가장 낮았고, 떠난 사람이 가장 높았다."

이재민들은 재난 지역을 벗어나니 "다른 세계"였다고 자주 말했다. 나도 대지진 후 처음으로 오사카에 갔을 때의 충격을 잊지 못한다. 후줄근한 옷차림으로 녹초가 돼 걷는 내 주위를 사람들이 힘차게 지나갔다. 거리는 그 어떤 피해도 없었다.

재난 지역을 떠나 생활하면 이런 주위와의 차이를 느끼며 살아가야 한다. 내 아내는 오사카에서 피난했을 당시 공원에 아이를 데려갔다가 모르는 사람으로부터 "고베에서 지진 피해를 입은 사람들은 천벌을 받은 거예요"라는 말을 들었다. 또한 내 지인은 오사카에 있는 직장에서 "언제까지 죽는소리를 할 거야?"라는 말을 듣고 몹시 상처를 받았다고 했다.

그렇게 원래 있던 곳으로 겨우 돌아와도 거기서 끝이 아니다. 그들 앞에는 일상의 재건을 위한 기나긴 여정이 기다리고 있다.

개인에서 지역으로 시선을 옮겨 보면, L 씨나 과거 목수였던 노인처럼 사회에서 소외돼 살아온 듯한 사람들이 임시 주택 단지에서 새로운 지역사회의 싹을 키워 가고 있음을 알 수 있다. 이는 대단히 흥미로운 일이다. 지역사회의 부흥은 겉만 번지르르한 경제활동만을 가리키는 것이 아니다. 사회적 약자라고 불리는 사람들이 하루하루 살아가는 일상 속에 소중한 것이 있다고 생각한다.

대피소 폐쇄

대지진으로부터 딱 7개월이 지난 8월 17일에 대피소가 있는 미나토가와 중학교를 방문했다. 이전에 정신과 의사들이 구호 활동을 벌였던 곳이었다. 타들어 갈 듯이 뜨거운 오후였다. 운동장에는 텐트도 승용차도 없었다. 교내를 오가던 그 많던 사람들의 모습은 보이지 않았다. 통로도 없을 정도로 사람들이 꽉 차있던 체육관은 이제 휑했지만, 그래도 그곳에는 여전히 대피 생활을 하는 사람들이 있었다.

대피 주민이 많았던 당시의 기억이 강하게 남아 있던 나는 미나토가와 중학교의 달라진 모습에 묘한 위화감과 반가움을 느꼈다. 가장 많았을 때는 2000명이 넘던 주민이 70명으로 줄어 있었다. 물론 이 대피소만의 상황은 아니었다. 효고현 전체에서 최대 34만2000명에 달했던 대피 주민이 이제는 600~700명이 채 되지 않았다. 하지만 내가 감개무량함을 느낀 것과는 별개로, 남은 70명의 주민에게 대피소 생활은 과거가 아니라 어디까지나 현재였다.

얼마 전 언론에서는 줄어 가는 대피소와 대피 주민의 숫자를 시시각각 보도했다. 대피소와 대피 주민의 감소는 물론 기뻐할 일이다. 사회 복구 작업이 진척을 보인 것이기 때문이다.

하지만 여전히 대피소 생활을 하는 사람들이 어떤 사정을 안고 있고 어떤 심정으로 생활하고 있는지에는 충분한 관심을 쏟지 않았던 게 아닐까.

나는 미나토가와 중학교 체육관에서 만난 사람들의 이야기를 들어 보았다. 어느 노인은 힘없이 이렇게 말했다. 그의 집은 무너졌고, 부부가 함께 대피소로 왔다.

"아내가 심장병 때문에 병원을 다녀서 되도록 가까운 임시 주택에 들어가고 싶어요. 하지만 다섯 번이나 신청했는데 떨어졌어요. 아내는 이제 한계예요. 대피소를 닫으면 어떻게 할지 모르겠어요."

노인, 장애인, 모자 가정은 임시 주택의 우선 입주 대상이었다. 하지만 그래도 추첨에서 탈락하는 사람들이 있었다.

한편 사회의 무심함에 분노를 드러내는 사람도 있었다. 45세 여성은 대피소에 남은 사람들의 사정을 이해해 달라고 호소했다.

"우리는 그저 임시 주택이 멀다고 대피소에 남아 있는 게 아니에요. 다들 집에 아픈 사람이 있거나 장사를 해서 먼 지역으로는 갈 수 없어요. 절대로 억지를 부리는 게 아니에요."

그녀의 말대로 고베시 외곽에 있는 임시 주택에서 시내까지는 교통편도 나쁘고 요금도 아주 비싸다. 막차 버스 시간이 생각보다 빨라서 늦은 시간까지 시가지에서 일하는 사람은 집에 돌아갈 수 없었다.

그런 와중에 고베시는 대피소를 8월 20일부로 폐쇄한다고 발표하고, 실제로 절차를 밟기 시작했다. 즉, 재난구조법의 적용을 중단하고 대피소를 원래 시설로 되돌린다는 것이었다. 대피소 사람들은 시에서 정한 '임시 대피소'로 옮겨야만 했다.

대피소 폐쇄 과정에서 행정 당국이 보인 태도는 결코 신사적이었다고 볼 수 없다. 앞에서 언급한 여성은 이렇게 말했다. "20일에 대피소를 폐쇄한다고 하면서, 시에서는 임시 대피소가 어디인지도 알려 주지 않았어요. 전날이 돼야 알 수 있다는 거예요. 이런 식으로는 새로운 길을 찾을 수가 없죠. 저축한 돈을 다 써버린 사람은 이러지도 저러지도 못해요. 갑자기 저기로 가라고 하면 그렇게 쉽게 움직일 수 있냐고요."

다행히도 이 대피소는 학교와 주민 사이에 일종의 공동체 감정이 형성된 것 같았다. 학교 선생님들은 빨리 대피소를 학교로 되돌려서 수업을 재개하고 싶었겠지만 초조해진 주민들이 화가 나서 언성을 높이자 며칠씩 학교에서 먹고 자며 문제를 해결하기 위해 힘썼다.

미나토가와 중학교의 고노 세이지 교감 선생님은 17일에 만났을 당시 이렇게 말했다.

주민 모두가 함께 지금까지 잘 견뎌 줬잖아요. 도저히 나가라고는 할 수 없어요. 주민들에게 "아름다운 작별을 했으면 좋겠다" 했어요. 다른 지역의 선생님들이 '임시 주택이 비어 있는데 왜 안 들어가느냐'라고 대피소 사람들을 비판한 적도 있습니다만, 그분들은 뭘 모르고 하는 말이라고 생각해요. 여기에서는 주민이 우선이고, 학교의 사정을 밀어붙인 적은 한 번도 없어요. 다들 학교에 신세를 졌다는 마음이겠죠. 직접 텐트를 정리하고 교실까지 청소해서 정말 깨끗하게 돌려줬어요.

교감 선생님은 폐쇄가 결정된 20일 후에도 33명의 주민이 학교에 남을 것이라고 알려 줬다. 이 33명은 실제로는 24가구로 갈 곳 없는 1인 가구나 노부부가 많았다. 라파엘에 따르면 "사는 집과 장소에 대한 유대는 강한 법이다. 내 집은 안전하고 보호받는 장소이자 성역이다." 대피소에 머무는 사람들만 자신이 사는 지역을 고집하는 것도 아니거니와, 먼 대피소로 옮겨 사는 사람이 미련 없이 정든 둥지를 떠나간 것도 아니다. 대피소를 좀처럼 떠나지 못하는 사람들은 미래에 대한 불안과 정부의 대응에 분노를 느꼈고, 일상으로의 복귀를 재촉하는 세간의 비판에 상처받았다. 그들은 사태가 나아지기만을 기다릴 수밖에 없었다.

"임시 주택에 당첨됐지만 전혀 기쁘지 않아요."

오랜만에 진료를 보러 온 중년 여성 P 씨는 이렇게 말했다. 그녀는 몇 년 전부터 불면증으로 병원을 다니고 있었다.

P 씨의 집은 대지진으로 완전히 무너졌다. 하지만 그녀는 1994년 말부터 내과 질환 때문에 시 외곽의 병원에 입원해 있어서 다행히 무사할 수 있었다.

한편 P 씨의 아들은 무너진 집에서 간신히 탈출해 대피소가 된 근처 중학교에서 생활을 이어 왔다. 최근에 임시 주택 추첨에 운 좋게 당첨돼 아들은 살림살이를 옮기고 퇴원한 어머니를 맞았다.

아들은 임시 주택 당첨을 마냥 기뻐했다.

"대피소 생활에 이미 녹초가 됐거든요. 임시 주택이 빨리 당첨돼서 다행이에요. 아직 안 된 사람도 많으니까요. 진짜 시원찮은 집이긴 해요. 옆집에서 말하는 소리도 다 들리고요. 여름에는 덥겠죠. 뭐, 그래도 한시름 놨어요."

반면 입원한 덕분에 목숨을 구한 P 씨의 표정은 시큰둥했다.

"제가 지진 피해를 입었다는 게 실감이 안 나요. 그냥 집이 없어졌을 뿐……. 입원해 있어서 천만다행이었다는 둥 임시 주택이 당첨돼 잘됐다는 둥 그런 말을 들어도 저는 기쁘지가 않아요. 여기가 내 집이라는 느낌이 안 들어요. 정말 너무 싫어요. 이제 나이도 먹었고 앞으로 어떻게 해야 할지 생각하면 암담해요."

P 씨는 우울한 표정으로 이렇게 말했다.

임시 주택에 당첨됐지만 기쁘지 않다고 말하는 사람은 또 있었다. 주부인 Q 씨는 예전부터 불안신경증으로 병원에 다녔다. 그녀의 집도 대지진으로 완전히 무너졌다. 자녀가 없는 Q 씨 부부는 대피소에서 한동안 지낸 뒤 남편의 부모님과 함께 살기 시작했다. 시부모님과 사이가 좋지 않던 그녀는 함께 사는 생활이 몹시 신경 쓰였다.

Q 씨 부부는 임시 주택을 신청했다. 하지만 얼마 뒤 그녀는 우울한 얼굴로 나를 찾아왔다.

"임시 주택에 당첨됐어요. 근데 너무 멀어요. 남편 직장과도 멀어지고……. 게다가 장 보러 갈 곳도 거의 없어요. 시내까지 나오려면 교통비도 많이 들고."

몇 주 뒤 이사를 했느냐는 내 물음에 Q 씨는 이렇게 말했다.

"일단 짐은 제법 옮겼는데, 이사를 할지 말지 고민 중이에요. 이제 와서 잘 모르는 동네에 가는 것도 안 내켜서요. 게다가 좁고, 앞으로 더워질 거고, 어떻게 해야 하나 싶어서……결국 아직도 시댁에 있어요."

Q 씨는 한숨을 내쉬었다.

"어쩔 수 없다는 걸 알고는 있어요. 그래도 마음이 안 내켜요."

P 씨도 Q 씨도 집이 무너지는 불행을 겪었다. 하지만 다행히도 비교적 일찍 임시 주택에 당첨됐다. 아직 당첨되지 못한 사람들은 그들을 부러워할지도 모른다. 임시 주택에 당첨됐다는 이야기를 들으면 누구나 무심코 "잘됐네요"라고 말한다. 그들도 "덕분에요"라거나 "일단 한시름 놨지요"라고 대답하기는 하지만 심정은 복잡했다. 결코 '다행'이 아니기 때문이다. 그러나 아직 거처가 정해지지 않은 사람을 배려해 불평을 입에 올릴 수 없었다.

당시 나는 임시 주택을 밖에서만 봤고, 안을 둘러본 건 꽤 시간이 흐른 뒤였다. 외관상으로도 삭막하기 그지없었지만, 살아 보면 한층 불편함이 느껴지는 듯했다.

임시 주택의 또 다른 문제는 익숙한 지역에서 벗어난다는 것이다. 대피소에 머무는 사람들은 일단 새집을 얻기보다 익숙한 지역에 머무는 쪽을 선택했다. 하지만 임시 주택에는 선택의 여지가 없다. 지역을 떠나야만 하는 것이다.

여름에 아라타 공원의 임시 주택에 사는 사람에게 이야기를 들었다. 이 임시 주택 주민들은 자신이 오랫동안 살던 익숙한 지역에 머물 수 있게 된 경우였다.

빨래를 널던 30대 중반 여성은 이렇게 말했다. 3월 10일, 그녀의 일가족 여섯 명이 대피소인 학교에서 임시 주택으로 옮겼다.

"집(효고구)은 완전히 부서졌어요. 하지만 여기는 예전에 살던 곳과 가깝고, 서로 잘 아는 사람도 있어요. 아이도 학군은 달라졌지만 원래 다니던 학교에 보내고 있어요."

똑같은 임시 주택 입주라도 같은 지역에서 계속 머무는 사람과 그 지역에서 벗어난 사람의 사정은 하늘과 땅 차이다. 하지만 지역에 머무는 사람은 거의 드물었다. 대다수는 살던 지역과 떨어진 곳에 있는 임시 주택으로 옮겨 갔다.

다른 지역 사람들이 보기에는 살던 지역을 떠난다고 해도 그렇게 멀리 떨어지는 건 아니라고 생각할 수 있다. 하지만 이재민들이 살던 지역에서 멀어지는 것을 꺼리는 데는 미래에 대한 불안이 짙게 반영돼 있음을 부디 알아 주면 좋겠다. 또한 같은 시 안에서도 상업지와 주택지는 환경이 크게 다르다. 같은 시일지라도 커뮤니티가 다른 것이다. 이 커뮤니티에 대한 애착은 이후에 다뤄 보겠다.

나는 임시 주택이 무용지물이었다고 말하는 게 아니다. 주택은 필요하고, 이를 지자체가 열심히 확충하려는 것도 이해한다. 하지만 임시 주택에 입주해도 이재민들의 문제는 끝나지 않는다. 대피소 시절 한 줄기 희망이었던 임시 주택은 막상 살기 시작하면 고통 그 자체였다. 그들은 대지진으로 집과 함께 자신을 둘러싼 많은 것을 잃었다. 살 곳이 생겨 일단 안정을 얻고 나면 본격적으로 그런 '상실'과 마주한다. P 씨도 Q 씨도 어쩔 수 없는 일이라고 몇 번이나 자신을 다독였다. 하지만 여전히 받아들이지는 못했다.

이 상실감을 어떻게 치유해야 할까. 행정적 지원은 일단 임시 주택에 입주하면 끝난다. 그렇다면 그 이후에는 오로지 '자력'으로 다시 일어나야 하는 걸까.

임시 주택의 현실

11월 말에 정신과 동료가 임시 주택으로 왕진을 나간다고 해서 따라갔다. 우리가 찾은 곳은 고베시 주오구에 있는 인공 섬 '포트 아일랜드'였다.

포트 아일랜드는 산노미야에서 '포트라이너'라고 하는 무인 열차를 타고 10분 정도 가면 도착한다. 대지진 전에는 섬이라고는 하나 육지와 이어진 곳 같은 느낌이었다. 하지만 대지진 직후에는 포트라이너도 도로도 피해를 입고 육지와 연결되는 교통이 마비됐다. 섬은 완전히 고립됐다. 지면의 액상화 현상도 나타났다. 이런 현상은 또 다른 인공 섬 '롯코 아일랜드'에도 일어났다. 인공 섬의 예상치 못한 취약함은 사람들의 기억에 깊이 남았다.

현재 포트 아일랜드에는 3100세대의 임시 주택이 있는데, 대부분 섬의 중심부에서 다소 떨어진 곳에 있다. 우리는 똑같이 생긴 임시 주택들이 삭막하게 늘어선 단지를 돌며 R 씨의 집을 찾았다. 환갑이 넘은 그는 알코올의존증이 있으나 가족 없이 혼자서 살고 있었다.

R 씨는 이불 외에는 아무것도 없는 방으로 우리를 안내했다. 방은 2개였는데, 그는 바깥쪽 2평짜리 방에서 잠을 잤고 안쪽의 3평짜리 방은 텅 비어 있었다.

덤프트럭이 근처 도로를 달릴 때마다 집이 흔들렸다.

"이 진동 때문에 나사가 느슨해져요."

R 씨가 가리킨 곳에는 바닥과 벽을 연결하는 나사가 떠 있었다. 집 안을 걸으면 바닥이 평평하지 않아 다다미[짚으로 엮어 만든 일본 전통식 바닥재]도 점점 뜨는 것 같았다. 옆집에서는 무슨 일을 하는지 소리가 고스란히 들렸다.

하지만 R 씨는 소음에는 이미 익숙해졌다며 아무렇지 않게 말했다. 그가 걱정하는 건 금전 문제였다. 알코올의존증 말고도 또 다른 지병이 있는 R 씨는 일을 할 수 없어 생계 지원을 받고 있었다. 그는 이곳에서 생활하려면 돈이 많이 든다고 했다. 예를 들면 전기 요금이 그랬다. 한여름 무더위가 기승을 부릴 때 함석지붕으로 된 임시 주택 실내 온도는 50도를 넘는다고 했다. 각 세대에 에어컨이 설치돼 있었지만, 온종일 에어컨을 틀면 한여름 전기 요금이 수만 엔은 나온다. 교통비도 많이 든다. 아무래도 섬 안에서는 해결할 수 없는 일도 있는데, 예를 들어 지금까지 다녔던 병원에 가려면 포트라이너를 타고 밖으로 나가야만 한다.

"이미 이번 달은 돈을 거의 다 썼어요."

R 씨는 불안한 듯 말했다. R 씨뿐만 아니라 임시 주택에 거주하는 대다수에게 금전적 어려움은 공통된 고민이었을 것이다.

또한 그가 사는 임시 주택 구역에는 노인이 많아 보였다. 아마도 노인이 임시 주택 추첨에서 우선순위였기 때문일 것이다. 자치회 조직을 만든 구역에는 '교류 센터'라는 임시 모임 공간이 세워지고 있었으나 노인이 많은 구역에서도 과연 적극적으로 활동 가능한 사람이 있을지 나는 걱정이었다.

우리는 그 후 또 다른 환자 S 씨의 집을 방문했다. 그녀가 사는 임시 주택은 섬의 최남단에 있었다. 주위는 공사 현장처럼 삭막하기 짝이 없는 곳이었다. 바다에서 부는 강한 바람이 우리를 날려 버릴 것 같았다.

그녀의 임시 주택은 원룸 타입이었다. 그 좁은 방 안에 부서진 집에서 옮겨 왔다는 커다란 서랍장과 의류, 이불을 억지로 밀어 넣은 상태였다. S 씨의 걱정거리도 생활비였다.

"한 번 병원에 갈 때마다 교통비가 1000엔 정도 들어요. 장을 볼 때도 원래 사려던 것보다 무심코 많이 사버리기도 하고요. 돈 때문에 밖에 잘 안 나가려 해요. 기부금으로 받은 돈도 이미 다 써버렸어요."

그녀는 당장이라도 울음을 터뜨릴 것 같은 얼굴로 안절부절 몇 번이나 같은 이야기를 했다. 우리가 돌아가려 하자 자꾸 붙들었다. 임시 주택으로 옮긴 후 일상에서 대화를 나눌 상대가 없었던 것이다. 그녀가 사는 구역에는 자치회가 없어서 아침에 공동 세탁 건조장에서 얼굴을 마주치는 것이 이웃과의 유일한 교류라고 했다.

S 씨의 집을 나서니 바깥은 이미 어스름이 짙어져 있었다. 일터에서 임시 주택으로 돌아오는 사람들이 포트라이너 역에서 줄지어 걸어왔다. 우리는 귀가하는 사람들과 반대 방향으로 걸었다. 가로수도 없이 어두컴컴하게 펼쳐진 황무지에 임시 주택이 줄줄이 늘어서 있었다. 건너편에는 유원지의 거대한 관람차가 조명을 밝히고 있었다. 1981년에 개최된 포트피

아 박람회 때 만들어진 유원지였다. 그 시기는 일본이 버블 경제에 돌입하기 바로 직전이었다.

삭막한 어둠 속 임시 주택과 번쩍이는 대관람차의 대비되는 광경에 나는 몸서리를 쳤다. 우리는 말없이 걸었다.

임시 주택에 사는 사람들 대다수는 경제적으로 어려움을 겪고 있다. 새로운 집으로 옮기기 위한 자금을 스스로 모으기는 무척 힘들 것이다. 어떻게든 공공 주택을 마련해 주었으면 하는 바람이다.

임시 주택에 사는 노인들은 대지진 전에는 시내 찻집에서 신문을 읽거나 가게에서 잡담을 나누며 혹은 병원 대기실에 모이거나 노인회에서 게이트볼을 치고 바둑을 두며 일상을 보냈다. 동네에는 주택뿐만 아니라 여러 가게와 인간관계가 있었고, 자연스럽게 사람들이 모이는 장소 역시 형성돼 있었다. 이는 도시에 사는 사람들이 이용할 수 있는 자원이다.

하지만 임시 주택 주변에는 그런 자원이 거의 없다. 이 때문에 우리가 삭막하다고 느꼈던 것이다. 자원이 없는 생활에는 활기가 없고, 살아가는 데 정신적으로나 물리적으로 대단한 노력이 필요하다.

이 삭막한 주택들 안에서 어떻게 활기를 되찾을 수 있을까. 어려움 속에서도 자치회는 만들어지고 있었다. '교류 센터'

에서는 주민과 자원봉사자들이 다양한 이벤트도 열고 있다. 일단 임시 주택에 관심을 잃지 않도록 해야겠다. 어떤 형태로든, 여러 사람이 관계를 맺는 일이 가장 필요하지 않을까.

5

흐려지는 마음

나의 리얼병

5월 말, 학회 참가 차 오랜만에 고베를 벗어나 센다이를 방문했다. 기분 좋은 바람이 불고 나무의 신록이 눈에 스며드는 듯했다. 거리는 깨끗하고 사람들은 여유로워 보였다.

하지만 고베의 현실과는 너무나도 큰 차이에 나는 묘하게 마음이 불편했다. 내가 그곳에 있는 게 아니라 마치 영화를 보는 듯한 위화감이 들었다.

고베의 거리는 마치 누군가 허겁지겁 먹다 버린 생선 뼈 같은 모습이었다. 여기저기에서 해체 작업이 진행되고 잔해가 된 기둥과 철골이 뼈다귀처럼 고스란히 드러나 있었다. 공중에는 먼지 가루가 떠다녀서 잠시만 거리를 걸어도 얼굴이 먼지 범벅이 되고 목구멍이 아팠다. 하지만 예전에 비하면 마스크를 쓴 사람은 줄었다. 덤프트럭과 불도저는 굉음을 내며 지나가고, 건물 콘크리트를 깎는 소리가 드르륵, 쾅 하고 들려오며 공터가 조금씩 늘어 갔다.

고베의 주민들은 이런 풍경에 완전히 익숙해져 있었다. 하지만 지역을 한 발자국만 벗어나도 너무나 큰 격차가 드러나 충격을 받지 않을 수 없었다.

나는 오랜만에 여유를 느껴 볼 참이었지만, 고베와 여러모로 다른 풍경이 눈에 들어올 때마다 '고베의 거리가 이렇게 아름답게 돌아오려면 앞으로 얼마나 걸릴까' 하는 생각이 들었다.

지진을 겪고 지금도 해체가 진행 중인 재난 지역에 사는 동안 나는 내 가치관과 느끼는 방식이 나도 모르는 사이 변화했음을 깨달았다. 이를 우선은 임시로 '리얼병'이라고 부르려 한다.

지진으로 파괴된 건물들과 눈앞에서 고스란히 드러난 생사의 광경 등은 너무나 생생하고 의심할 여지가 없는 현실로서 존재한다. 압도적인 지진 체험과 파괴된 건물 앞에서 사람들은 할 말을 잃었다. 다양한 감정이 끓어올라도 말로 표현할 수 없었다. 그 감정을 말로 하면 거짓이 돼 버릴 것만 같았다. 말을 잃어버릴 정도로 현실은 인정사정없다는 것을 절실히 느꼈다.

나는 눈앞의 현실에 얽매이는 한편, 말만 번지르르하고 무턱대고 이론만 내세우는 말에는 거부반응이 나타났다. '그런 말만 번지르르한 이야기는 다시 지진이 오면 아무 소용도 없을 거야.' 어쩔 수 없이 그런 생각이 들었다. 이런 생각은 나만 하는 게 아닌 듯했다.

"이제 물욕은 사라졌어. 물건을 쟁여 봤자 소용없어."

"새삼 가족의 소중함을 뼈저리게 느꼈어요."

이렇게 말하는 사람도 많았다. 이는 살아남았다는 안도감에서 비롯된 것이겠지만, 한편으로 '리얼병'에 가까운 감정이기도 하다. 즉, 대지진이라는 강렬하고 생생한 상황을 맞닥뜨리고 사람들은 지금까지 당연하게 여겼던 풍족한 생활과 가족 관계를 다른 관점으로 보게 됐다. 또한 타인과 비교하지 않으며 나에게 가깝고 현실에 바탕을 둔 것을 중시하는 쪽으로 가치관이 변했다.

하나의 도시가 붕괴한 사태는 50년 전의 전쟁과 유사한 체험일지도 모른다. 대피소에서 만난 어느 할머니는 전쟁 공습에 대비해 귀중품과 소지품을 보자기에 싸서 항상 들고 나갈 수 있게 준비하는 버릇이 있었다고 한다. 이번에 대지진이 일어났을 때 할머니는 그 보자기를 들고 도망쳤다. "이게 도움이 될 줄은 생각도 못 했어." 할머니는 이렇게 말했다. 그녀의 보자기는 그야말로 눈앞의 현실에 몰두한 생활의 상징처럼 느껴졌다.

재난 지역 안에서는 지진이 아닌 사건도 '리얼병'의 시선으로 바라보게 된다. 예를 들면 최근에 언론을 떠들썩하게 한 옴진리교 뉴스*를 보면서도 내게는 눈앞의 현실만 들어올 뿐이었다. 독가스로 피해를 입은 사람들, 교단 내에 격리된 아이들, 교주의 아이들이 입은 신체적·정신적인 상처 같은 것들이 내게는 현실로 다가오는 사건이었다. 한편 지식인들의 발언이나 교단이 설파한 교의 같은 것은 공허하게 느껴졌다.

이처럼 눈앞의 현실을 중심으로 생각하는 태도가 좋은지 나쁜지는 나도 알 수 없다. 이것도 대지진으로 얻은 하나의 '발견'일지 모른다. 리얼병은 탁상공론으로 빠지지 않기 위한 현실적인 사고방식이기 때문이다. 특히 정신의학에는 복잡한 이론이 많아 때로는 이론이 실천을 가로막기도 한다. 그럴 때는 이론을 들먹이기보다 일단 환자가 입은 마음의 상처라는, 좀 더 '현실적인 일'에 대처해야 할 것이다.

물론 지나치게 현실에 집착하는 것도 좋지 않다는 생각이 든다. 현실에만 집착하면 어딘가 삭막하고 지나치게 노골적인 느낌이다. 지진의 잔해는 분명 생생한 현실이다. 아무리 튼튼한 집이라도 지진이 오면 그저 잔해가 될 뿐이다. 그러나 사람

---

* 1995년 3월 20일, 도쿄 지하철에 독가스를 살포하는 테러를 저지른 종교 단체. 이로 인해 14명이 사망했다.

이 언제까지고 잔해 속에서 살아갈 수는 없는 법이다.

신록이 푸르른 센다이에서 나는 이런 생각을 했다. 이 거리에는 아름다움이 현실로서 존재하고 있었다. 고베의 거리가 아름다움을 되찾아 가면서 나의 이런 '리얼병'도 분명 나을 것이다.

재난 보도에 대한 의문

대지진이 일어나고 날이 밝자 고베는 완전히 뉴스의 중심이 되어 있었다. 라디오와 텔레비전에서는 온종일 재난 관련 보도가 나왔다. 지진 후 며칠간 나는 틈만 나면 라디오를 듣거나 텔레비전을 봤다. 같은 정보가 몇 번이나 되풀이됐지만 조금이라도 더 알고 싶었다. 밤에 잠들기가 두려워 늦은 시간까지 텔레비전을 보곤 했다.

지진 후 사흘째에 처음으로 신문을 읽었다. 무척 생경한 느낌이었다. 말 그대로 대지진 기사로 도배된 것을 보고 '역시 큰 지진이었구나' 하는 생각이 들며 묘하게 고개가 끄덕여졌다.

지진 직후에는 그저 사상자 수의 증가에만 시선을 빼앗겼다. 하지만 실종자 대다수도 사망자로 바뀌리라고는 생각지 못했다. 불과 수십 킬로미터 떨어진 곳에서 일어난 사건인데도, 내 눈으로 직접 보지 않고 어딘가 멀리에서 보내오는 신문과 텔레비전으로만 접하니 기분이 이상했다.

지진에 관련된 뉴스는 보고 싶지 않다며 거부반응을 보이는 사람도 있었다. 한 동료는 무너진 고속도로 등 너무나 유명해진 영상이 화제에 오르면 "아직 안 봤어요"라고 답하며 애써 회피하는 반응을 보였다. 뉴스에 온통 정신이 팔렸던 나는 그나마 피해가 적어서 침착한 편이었던 것이다.

한편 지진 피해 정보뿐만 아니라 생활 정보도 중요했다. 도로 교통 상황, 영업 중인 목욕탕, 슈퍼마켓, 단체 배식소 등 실질적인 주변 정보가 필요했다. 언론이 보도하는 생활 정보도 어느 정도 도움이 됐지만, 알고 싶은 게 있을 때 바로 찾을 수는 없었다. 이런 정보는 입소문이 훨씬 더 유용했다.

지진 후 3, 4주가 지나자 대지진이 아닌 뉴스가 차지하는 비중이 늘어났다. 재난 지역이 일본 전역의 관심에서 멀어져 가는 것이 쓸쓸하게 느껴졌다. 한동안 방송을 자제하던 예능 프로그램도 부활했지만 텔레비전에서 나오는 개그 프로그램에는 좀처럼 마음이 가지 않았다.

그러다 3월에 도쿄 지하철에서 사린가스 사건이 일어나자 보도의 중심은 순식간에 옴진리교로 옮겨 갔다. 한동안 옴진리교 관련 보도가 뉴스를 도배했다.

재난 지역의 주민들이 정보를 받기만 한 것은 아니었다. 대지진으로 많은 시민이 취재 대상이 됐다. 방송 카메라와 수첩을 손에 든 기자들도 거리에서 자주 눈에 띄었다. 내게도 의료 관계자라는 이유로 종종 취재 의뢰가 들어왔다.

"어떤 사례가 있었는지 구체적으로 알고 싶습니다."

"조사를 하고 있다면 데이터를 보여 주세요."

"함께 대피소를 방문해서 활동하는 모습을 찍고 싶습니다."

이런 요청이 많았다.

취재하는 입장에서는 전부 당연한 요구 사항이다. 다만 대지진 후 1, 2개월간 나는 이런 요청에 순순히 응할 수 없었다.

"사례를 직접 이야기하면 프라이버시 침해입니다."

"데이터 같은 건 없어요."

재난 지역의 현실을 전해야 한다는 의무감을 느끼면서도 배려 없는 취재에는 쌀쌀맞게 답변한 적도 있었다. 뭔가 중요한 것을 뺏기는 기분이 들었다. 재난 체험을 뉴스라는 '상품'으로 만드는 데 대한 반발심이었는지도 모른다.

하지만 한편으로 나는 대지진을 보도하는 텔레비전 뉴스에 빠져들었고, 신문을 샅샅이 읽으며 잡지를 한가득 사오기도 했다. 앞에서 썼던 것처럼 일단 대지진에 관련된 것이라면 무엇이든 알고 싶었다. 나는 분명히 그 '상품'을 원했던 것이다.

지금 생각하면 나는 재난이라는 '특별한 체험'을 뭔가 위대한 사건처럼 착각했는지도 모른다. 외지 사람이 뭘 알겠느냐는 마음도 있었을 것이다.

재난 지역에서 먹고 자며 열심히 취재하는 기자들도 있었다. 이들은 취재 과정에서 점차 주민들이 느끼는 감정에 가까워지는 듯했다. 이곳에서의 취재 역시 일종의 재난 체험이었고, 취재에 응하는 주민에게도 그것을 이야기하고 싶은 욕구가 분명 있었다.

주민들은 언론을 통해 자신들이 겪고 있는 일에 대해 알고 싶었던 것 같다. 재난의 경험이 자신에게 어떤 것인지 이야기하고 싶은 마음과 더불어 그것이 사회에 어떻게 받아들여지고 역사적으로 어떻게 평가될지 알고 싶었을 것이다.

하지만 언론은 그 마음에 답하기보다 재난과 부흥이라는 안이한 '이야기'를 만들어 내고 그 안에 주민들을 가두려 했다는 점 역시 부인할 수 없을 것이다.

한신 대지진이 일어나고 1년이 지났다. 대지진은 1995년의 10대 뉴스로 꼽히며 새해에는 희망찬 부흥을 기대하는 이야기가 지면과 브라운관을 장식했다. 언론은 1월 17일 일제히 특별방송과 특집 기사를 내보냈다.

1주년이라는 사실에 재난 지역 사람들은 누구나 감개무량해 했다. 1995년 송년회 인사에서 지진을 언급하지 않은 사람은 없었을 것이다. "올해는 생각지도 못한 지진이 일어났습니다. …… 내년은 행복한 해가 되기를 바랍니다."

고개를 끄덕이고 건배를 했다. "행복한 해가 되기를 바랍니다"라는 상투적인 문구가 새삼 신선하게 느껴졌다. 하지만 똑같이 한 해를 넘기고 똑같이 새해를 맞아도 가슴속에 드는 감정은 각자 달랐다.

충격적인 체험을 한 날은 사람의 뇌리에 깊이 새겨진다. 1월 17일이 다가오면서 마음의 상처가 되살아나는 사람도 많았다. 설날이나 성인식, 신년회, 겨울 아침의 추위, 감기 등 1년 전 대지진을 떠올리게 하는 다양한 계기들이 올해도 다시 찾아왔기 때문이다. 이것을 '기념일 반응' 또는 '기일 반응'이라고 한다. 외상 기억이 되살아나는 증상은 가령 설날을 떠올리면 소름이 끼치는 것과 같은 형태로 불안이나 공포를 생생하게 불러일으킨다. 하지만 기억이 되살아나는 것 자체가 나쁜 일은 아니다. 추도식·위령제·기일 등 사회 전체 또는 가족 단위로 의식을 치르면 감정을 표현하거나 공유하기 쉬워진다. 그런 의식은 '기념일 반응' 극복에 대단히 중요하다.

생각해 보면 대지진 직후에는 재난 지역의 모든 사람이 당사자였다. 피해 정도의 차이는 있을지언정 모두가 대지진에 동요하고 생활에 어려움을 겪었다. 일종의 고양감과 함께 주민들 간에는 연대감과 공동체 감정이 있었다.

하지만 생활이 점차 나아지면서 당사자성은 급속히 옅어져 갔다. 이는 내게도 일어난 일이다. 건물의 붕괴를 면했던 덕분에 내 생활은 비교적 빨리 복구됐다. 3월 8일에는 마침내 집에서 다시 가스를 쓸 수 있게 됐고, 3월 말에 내가 관리하던 자원봉사 의사들이 전원 철수했다. 이 시점에 나는 뭔가 조바심과 불안, 허탈감에 휩싸였다.

그때 내가 당사자성을 잃었음을, 즉 더는 이재민이 아님을 깨달았다. 긴장 상태의 생활이 일단락돼 마음이 놓였지만, 그와 동시에 어딘가 찝찝함도 있었다. 그때까지는 나 역시 이재민의 한 사람이라고 느꼈는데, 그 후로는 주민들의 마음이 선뜻 이해되지 않아 답답했기 때문이다.

예를 들어 땅이 흔들리는 것 같다고 착각하는 주민들이 있었다. 대지진 이후에도 빈번하게 발생한 여진이 이런 착각을 만들어 냈다. 가만히 있을 때 흔들림을 느끼거나 어쩌다 탁자가 흔들릴 때 무심코 가슴이 덜컹하는 것이다.

나도 느낀 적이 있지만 여름이 지날 무렵부터 신경 쓰지 않게 됐다. 내가 느끼지 않게 되자 무심결에 말실수도 했다.

"요즘에는 흔들림을 느끼는 사람이 줄었죠?"

"아뇨. 저는 아직도 느끼는데요"라고 핀잔을 들은 적도 있다. 그럴 때 나는 내가 당사자성을 잃었음을 반성했다.

이처럼 1년이 지나면서 여전히 이재민이라는 당사자로 지내고 있는 사람들과 어느 정도 예전 생활로 돌아간 사람들 사이에는 격차가 벌어지고 있었다.

나는 스스로 이재민이 아니게 됐다고 느낀 무렵부터 계속 이재민으로 지내는 사람의 마음을 상상하기가 어려워졌다. 그 때부터 이재민의 스트레스를 조사할 필요성을 느꼈다. 다양한 조사가 현재도 진행 중이지만, 내가 기획에 참여한 조사 중에 어느 보건소가 실시한 스트레스 검사가 있다. 대지진 후 6, 7개월이 지난 무렵에 실시한 신체 검진에서 불면, 불안 등 스트레스 증상에 관한 15개 항목의 질문에 답하는 방식이었다.

대략적인 집계에 따르면, 6개 항목 이상에 표시한 사람이 전체의 4분의 1이나 됐다. 겉으로는 평온해 보여도 큰 스트레스를 느끼는 사람이 여전히 많았던 것이다. 이들은 재난 당사자라는 의식이 분명 강할 것이다.

덧붙여 이 설문 조사의 응답률은 90퍼센트가 넘었는데, 이는 마음의 문제에 관한 사람들의 높은 관심을 반영한 것으로 보인다. 검사장에서 보건사에게 괴로움을 호소하고 눈물을 글썽이는 사람도 많았다고 한다. 또 거처를 다른 지역으로 옮겼음에도 불구하고 검사 소식을 듣고 찾아온 사람도 있었다.

한 보건사는 이렇게 말했다.

"고향에서는 울어도 창피하지 않잖아요. 다른 지역으로 거처를 옮긴 사람들도 고향 사람들과 이야기를 나누고 싶어 찾아오는 것 같습니다."

하지만 앞으로 일상의 재건이 진행될수록 재난 당사자라는 의식을 지닌 사람들의 비율은 서서히 줄어들 것이다. 당사자 의식이 옅어진 사람이 늘어남과 동시에 사회적 약자에 대한 공격도 거세지는 것 같다. 일상이 복구된 사람은 여전히 재난 당사자인 사람의 마음을 이해하기 어렵기 때문이다. 그렇게 재난 당사자는 소수가 되고 고독해진다. 이를 상징적으로 드러내는 것이 자살과 고독사다.

자살과 고독사

대지진 직후 구호 활동이 연일 보도되던 2, 3월이 지나고 세간의 주목이 줄어들었을 무렵 자살과 고독사 문제가 떠오르기 시작했다.

대지진으로 일상생활을 통째로 빼앗긴 사람들은 절망과 우울감에 빠졌다. 서서히 마음을 바로잡고 생활의 재건에 나선 사람들은 다행이지만, 그중에는 절망이 깊어져 자살에 이르는 사람도 있었다. 고베시는 1996년 1월 8일에 자살자 4명을 한신 대지진 관련사로 인정했다.

예를 들면 이런 보도가 있었다.

3월 30일 오후 3시 20분경, 고베시 히가시나다구 오카모토 1번지, 효고현 K시에 위치한 노인 요양 시설 T에서 생활하던 N 씨(86세, 무직)가, JR도카이도선 세쓰모토야마 역에서 승강장을 통과하던 하행 쾌속 열차(10량 편성)에 뛰어들어 그 자리에서 사망했다. N 씨는 한신 대지진 당시 붕괴한 H구에 있는 임대 아파트 주민이었으며, H경찰서는 자살로 보고 있다. …… 조사에 따르면 N 씨는 지진 후 한때 인근 초등학교에서 대피 생활을 했으나 가족이 없어 2월에 해당 시설에 입소했다. 직원에 따르면 이날 오전 10시 무렵에 "K시에 다녀오겠다. 오후 5시쯤 돌아올 것"이라고 외출 신청서를 낸 뒤 밖으로 나갔다고 한다.

직원의 이야기에 따르면 N 씨는 요양 시설 내 행사에도 적극적으로 참여하는 등 밝은 성격이었고 특별히 우울해 하는 모습은 없었다고 한다. 아파트는 10월에 철거됐고, 해당 역이 아파트에서 가장 가까운 역이라는 점에서 직원은 "아파트를 보러 갔다가 처음으로 철거된 광경을 직접 목격하고 충격을 받은 것 같다"라고 말했다 (「지진 피해를 입은 86세 남성이 전철에 뛰어들어 자살: 고베」, 『每日新聞』 1995/12/31).

1996년 1월 12일, 효고현 경찰은 이날까지의 한신 대지진 사망자 내역을 정리해 발표했다. 그에 따르면 효고현 내 자살자는 32명(남성 21명, 여성 11명으로 30대가 2명, 40대 2명, 50대 10명, 60대 7명, 70대가 9명, 80대 이상이 2명)이었다. 이는 예년보다 오히려 줄어든 숫자라고 한다. 커다란 사회변동 시기에는 내면과 마주할 여유가 사라지기 때문에 자살이 줄어든다. 그러나 혼란을 극복하고 생활이 안정되어 눈앞의 현실에 직면했을 때 자살은 일어나기 쉽다. 향후 자살을 막기 위한 대책 마련이 과제가 될 것이다.

<표 1> 효고현에서 이재민의 자살로 추정되는 사례

발견·발생일	장소	사망자	대지진과 연관성 등
1월 25일	고베시 히가시나다구	회사원(42)	자택 연립주택이 피해
1월 28일	고베시 주오구	무직 여성(46)	가까운 지인이 다수 피해
2월 1일	고베시 효고구	남성(77)	'가족이 없으니 무연고자로 처리해 달라'라고 유서를 남김
2월 2일	고베시 히가시나다구	무직 남성(49)	1월 20일부터 행방불명
3월 8일	니시노미야시	무직 남성(45)	연립주택 완파
3월 16일	고베시 히가시나다구	무직 남성(65)	작년 가을부터 뇌경색 통원 중
3월 17일	니시노미야시	무직 남성(59)	자택 아파트 붕괴
3월 21일	가코가와시	무직 남성(85)	지진 후 노인 요양 시설 거주
3월 28일	니시노미야시	무직 남성(69)	자택 반파
4월 8일	고베시 주오구	무직 여성(67)	자택 소실, 친척 집에 피난
4월 9일	히메지시	무직 남성(34)	자택 소실, 본가로 피난
4월 17일	고베시 주오구	남성(47)	대지진 후 트럭에서 숙식 해결
5월 1일	아시야시	무직 남성(67)	자택 아파트 반파
5월 22일	고베시 히가시나다구	남편(68)·아내(58)	귀가한 아들이 사망한 둘을 발견
6월 18일	고베시 히가시나다구	무직 여성(58)	주택 완파, 남편 사망
6월 25일	고베시 히가시나다구	무직 여성(53)	임시 주택에서 자살
6월 27일	아시야시	무직 남성(32)	자택 완파, 창고를 개조해서 생활
7월 12일	아카시시	무직 여성(74)	고베시 내 자택 완파
8월 3일	아마가사키시	무직 여성(61)	임시 주택 거주
8월 20일	아시야시	무직 여성(53)	임시 주택에서 자살
8월 23일	아시야시	기숙사 운영 여성(49)	지진 후 기숙사생이 증가, 지도에 고민이 생김
9월 25일	니시노미야시	회사원 남성(48)	연립주택 붕괴
10월 2일	고베시 히가시나다구	무직 여성(79)	임시 주택 생활, 자택으로 돌아가기를 열망
10월 6일	고베시 니시구	여성(41)	임시 주택에서 자살
11월 23일	아시야시	자영업 남성(69)	아내와 임시 주택에서 둘이 거주

자료: 『每日新聞』 1995/11/25.

그보다 조금 더 이전에 나온 기사지만『마이니치 신문』(『毎日新聞』 1995/11/25)이 정리한 자살 내용이 〈표 1〉에 나와 있다. 한눈에 알 수 있는 점은, 임시 주택에 거주 중인 고령의 무직자가 많다는 사실이다.

자살 연구 전문가인 J. T. 말츠버거J. T. Maltsberger(マルツバーガー 外 1994)는 자살로 이어지는 감정 상태로 다음의 세 가지를 말한다. 깊은 고독감, 무력감, 살인에 이를 정도의 분노가 그것이다. 이런 감정을 완화하기 위해서는 타인과의 관계, 일과의 관계, 자기 일부와의 관계 회복에 있어 외부의 도움이 필요하다.

대지진 후 발생한 자살에서는 명백하게 타인과의 관계, 일과의 관계가 단절되어 그들이 몹시 고독했음을 엿볼 수 있다. 자기 일부와의 관계는 자신의 신체 일부 또는 운동신경에 대한 인식을 가리킨다. 고령자의 경우 건강 상태에 불안을 안고 있던 것으로도 보인다.

그들은 우울증에 빠졌을 가능성이 있다. 다만 보도에서는 알 수 없지만, 생전에 정신과를 다닌 이력이 있는 사람은 없는 듯하다. 고령자의 우울 상태는 그냥 지나치기 쉽다. 정신병리학자 다카하시 요시토모에 따르면, "고령자에게는 다양한 상실 경험이 있고, 한 사람이 동시에 여러 상실을 경험하기도"

하는데, "다소 우울한 상태가 되어도 이상하지 않다"는 잘못된 심리적 견해를 가지기 쉽다(高橋祥友 1992).

한편 임시 주택에서 조용히 병사하는 사람이 5월경부터 연달아 발생해 '대지진 고독사'라는 사회문제가 되기도 했다. 예를 들어 『아사히 신문』(『朝日新聞』 1995/07/06)에 따르면, 6월 8일, 고베시 효고구 내 임시 주택에서 혼자 사는 남성(67)이 사망한 상태로 발견됐다.

현장에서 구청까지는 걸어서 3분 거리로, 근처에는 파출소도 있었다. 사망한 남성은 대지진으로 집이 붕괴해 3월 중순에 임시 주택으로 이사했다. 이웃이 그의 집에서 소리가 나지 않는다는 사실을 알아차린 것은 5월 중순경이었다. 남성의 집에 자원봉사 단체가 여덟 번, 보건사가 아홉 번이나 찾아갔지만 단 한 번도 만날 수 없었다.

1996년 1월 15일에 있었던 효고현 경찰 발표에 따르면 대지진 후 임시 주택에서 고독사한 사람은 자살을 제외하면 47명이다. 몇 명을 제외하면 전원 무직이었다. 5월부터 한 달에 3~5건 정도 일어났는데, 12월에는 추위 탓인지 10건으로 특히 많았다. 사망자는 남성이 33명으로 더 많았고, 연령대는 50대와 60대가 가장 많았다.

자살과 마찬가지로 절망에 빠져 고립된 생활을 보내다가

사망한 사람도 많았다. 사망 상태로 발견되기까지는 빠르게는 2시간, 늦게는 4주가 걸렸다. 모두 빈사 상태에서 도움을 요청할 사람이 곁에 아무도 없었다. 고립은 자살과 고독사의 원인이 되기 때문에 여러 자원봉사자와 보건사들이 수시로 임시 주택을 방문하고 있다. 고베시는 8월부터 '교류 추진 제도'를 시작해 50가구당 한 명 꼴로 교류 추진 인력을 배치하고 주민의 안부를 확인 중이다. 그러나 그 틈을 비집고 고독사는 꾸준히 발생하고 있다.

만일 지병이 있는데도 의식적으로 방치했다면 그것은 소극적·만성적 자살이라고도 할 수 있다. 또한 통원 시의 교통 불편, 불규칙한 생활, 알코올의존 등이 병세를 한꺼번에 악화시켰을 가능성도 있다.

자살과 고독사를 막기 위해서는 일단 고립을 피해야 한다. 사람들과의 연결 고리를 끊지 않도록 하는 것이 중요하다. 행사가 있으면 초대하고, 이웃 간에 대화가 오가는 관계를 만들어 가야 한다. 또한 전화 상담은 이동이 쉽지 않은 노인들이 가장 활용하기 좋은 방법이다. 한편 자원봉사로 임시 주택을 방문하는 사람들은 우울증 등 정신 건강에 대한 지식을 갖춰 신체와 정신 건강에 이상을 감지하면 전문 기관에 연결해 주는 방법을 취해 주면 좋겠다.

자살과 고독사 문제는 그들이 지역사회에서 어쩔 수 없이 이탈하고 있다는 점에서 비롯된다(이 문제는 3부에서도 생각해 보려 한다). 그들은 일상을 지탱해 온 다양한 관계(도움을 받을 수 있는 사회적 연결망)를 한 번에 잃었다. 사람은 의식주만으로 살아갈 수 없다. 사람과 사람의 관계가 끊기고 미래에 희망을 품지 못할 때 죽음은 순식간에 가까워진다.

고베의 거리가 점점 예전의 모습으로 돌아오면서 나를 포함한 많은 주민이 당사자 의식을 잃어 가는 한편, 수많은 사람이 주위의 이해와 도움을 받지 못한 채 홀로 죽어 가고 있다. 그들이 재난의 당사자로서 눈을 감았음을 잊지 말아야 한다.

3부

재난이 부른
마음의 상처를 돌보는 일

1

마음의 상처란

무엇인가

한신·아와지 대지진 후 마음 돌봄이 필요하다는 목소리가 높아졌다. 그런데 마음 돌봄이란 대체 무엇일까. 지금까지 주목받지 못했던 마음 돌봄이 왜 이토록 관심을 모았을까.

마음 돌봄은 달리 표현하면, '마음의 상처를 치유하는 것'이다. 마음 돌봄을 생각하기 전에 우선 마음의 상처란 무엇이고, 재난으로 인해 어떤 마음의 상처가 생기는지 생각해 보고자 한다.

정신의학과 심리학의 탄생 이전부터 인간은 마음의 상처를 종종 이야기해 왔다. 예를 들면 그리스비극이나 셰익스피어 등 고전에는 마음의 상처를 지닌 인물이 자주 등장한다. 여기에는 인간의 상처에 관한 깊은 통찰이 있다. 고대부터 현대까지 마음의 상처와 치유는 인간에게 대단히 중요한 문제였다. 이처럼 오래되면서도 새로운 문제에 관해 내 나름대로 정리를 해봤다.

마음의 상처란 무엇일까. 외부의 충격으로 몸이 상처를 입듯이, 마음도 상처를 입는다. 몸의 상처는 물리적인 힘으로 발생하지만, 마음의 상처는 심리사회적인 힘으로 발생한다. 마음을 다치게 하는 것을 '심리사회적 스트레스 요인'이라고 한다. 이를 구체적으로 열거하면 〈표 2〉와 같다.

이런 문제는 우리 주변에 얼마든지 존재한다. 신문을 펼치면 보고 싶지 않아도 한눈에 들어온다. 이처럼 우리가 사는 세계는 마음을 다치게 하는 것들로 넘쳐 난다. 또한 한신·아와지 대지진으로 이재민의 '심리사회적 스트레스 요인'도 급격하게 증가했다. 가족·교육·직업·주거·경제·의료·범죄 등 모든 영역에 문제가 산적해 있다. 스트레스 요인에 직격타를 맞은 사람들뿐만 아니라 재난 지역에 사는 사람 모두에게 스트레스가 닥친 것이다.

방송 카메라는 이렇게 재난 지역 전체에서 스트레스가 증가하는 양상을 비추지 못한다. 이는 여기 사는 주민들만 실감할 수 있는 사실이다. 언뜻 편안해 보이거나 활기찬 모습 이면에는 수많은 스트레스가 뒤엉켜 있다.

<표 2> 정신질환의 진단 기준 중
심리사회적·환경적 요인으로 나타나는 문제

1차 지지 집단과 관련된 문제

예: 가족 성원의 사망, 가족 내 건강 문제, 별거·이혼·불화로 인한 가족 해체, 가족과의
이별, 부모의 재혼, 성적·신체적 학대, 부모의 과보호, 자녀의 무시, 부적절한 훈육,
형제와의 불화·형제의 탄생

사회적 환경과 연관된 문제

예: 친구의 사망 또는 실종, 부적절한 사회적 지지, 독거, 타 문화 수용의 어려움, 소외,
생애 주기 변화의 적응(정년퇴직 등)

교육상 문제

예: 문맹, 학업 문제, 교사나 학급 친구와의 불화, 부적절한 학교 환경

직업상 문제

예: 실업, 실업 위기, 스트레스 강도가 높은 근무 일정, 열악한 근무 조건, 업무상 불만,
이직, 상사나 동료와의 불화

주거 문제

예: 무주택, 부적절한 주거 환경, 치안이 좋지 않은 주거 지구, 지역 주민 또는
집주인과의 불화

경제적 문제

예: 극도의 빈곤, 불충분한 재정, 부족한 생활 지원

보건 기관 이용의 문제

예: 보건 기관의 부실, 보건 시설로의 이동 수단 부족, 건강보험의 부실

법률 및 범죄에 관한 문제

예: 체포, 구치, 소송, 범죄 피해

기타 심리사회적·환경적 문제

예: 날씨·전쟁·기타 위험 상황, 상담사·사회복지사·의사 등 가족 외 돌봐 주는 사람과의
불화, 사회복지 기관의 부족

자료: 『정신질환의 진단 및 통계 편람 4판』DSM-IV.

마음을 다치게 하는 요인이 다양한 만큼 상처를 받는 방식 또한 다양하다. 예를 들면 우리가 일상에서 느끼는 고민은 심리 사회적 요인에 의해 일어난다. 고민 역시 우리 마음의 상처 중 하나다.

하지만 마음의 상처는 평상시 고민의 범위를 넘어서 강한 불안, 공포, 신체적인 이상을 일으키기도 한다. 일상생활에 지장을 초래할 정도의 상태가 되면 '신경증' '우울증' 등으로 진단하고 치료해야 한다. 그중에서도 '외상 후 스트레스 장애' PTSD는 그 증상이 스트레스 요인과 밀접하게 연관돼 있다. 이는 전쟁·살인·강간·재난 등 그 사람의 생존을 위협하는 중대한 사건을 겪은 뒤 생긴 마음의 상처(심적 외상psychic trauma) 때문에 일어난다. 직접 입은 피해뿐만 아니라 목격하는 경험도 외상 체험이 된다.

외상 체험이 심신에 일으키는 영향에 관해 최초로 의학 논문을 쓴 사람은 미국의 내과 의사 사일러스 위어 미첼Silas Weir Mitchell(1829~1914)이다. 그는 남북전쟁에서 돌아온 병사와 시민이 전쟁이라는 외상 체험으로 인해 심신에 이상이 발생했다고 밝혔다. 환자는 증상에 대처하기 위해 직접 알코올이나 아편을 이용하고 있었다고 한다.

이 증상은 제1차 세계대전 당시 '셸 쇼크'shell shock라고 불렸다. 이는 장기간 전투에 참여했던 병사들이 불면증과 감정의 기복을 동반한 신경과민으로 소진되는 상태를 말한다.

하지만 본격적인 연구는 제2차 세계대전의 희생자를 조사한 아브람 카디너Abram Kardiner의 『전쟁에 의한 외상성 신경증』戦争による外傷性神経症(1941)에서 시작됐다. 이 책에서 그는 현재의 PTSD와 거의 유사한 증상을 열거한다. ① 초조함·겁에 질린 상태의 지속, ② 공격성이 폭발하기 쉬운 경향, ③ 외상 체험이 머릿속을 떠나지 않는 상태, ④ 인격 기능*의 저하, ⑤ 악몽이 그것이다. 이에 대해서는 약물을 이용한 다양한 치료법이 시도됐다.

또한 이 시기에 유명한 화재가 발생했다. 1942년 11월 28일 토요일 밤, 보스턴에서 일어난 '코코넛 그로브 화재'다. 인파로 가득한 나이트클럽에서 화재가 일어나 실내장식에 불이 옮겨 붙으면서 유독가스가 발생했다. 출구가 적었던 탓에 사망자가 492명에 달했다. 미국의 심리학자이자 정신과 의사인 에리히 린데만Erich Lindemann은 「급성 애도의 증상과 대처」Symptomatology

---

* 자신과 타인에 대한 기본적인 감정 지각 및 자기 조절 능력.

and Management of Acute Grief(1944)라는 논문을 통해 재난으로 가족과 사별한 사람이 겪는 마음의 문제를 다뤘다.

PTSD 연구의 결정적인 계기는 베트남전이었다. 찰스 R. 피글리Charles R. Figley의『베트남전 귀환 병사의 스트레스 장애』 *Stress Disorders Among Vietnam Veterans: Theory, Research*(1978) 덕분에 1980년에 최초로 'PTSD'라는 진단명이 정식으로 질환 단위로서『정신질환의 진단 및 통계 편람 3판』*DSM-III**에 기재됐다. PTSD가 진단명으로 공식 인정되면서 미국에서는 PTSD에 관한 치료와 연구가 크게 발전했다. 현재는 네 번째 개정판 DSM-IV가 나와 있는데, 그 진단 기준은〈표 3〉에서 살펴보자.

〈표 3〉에 나오듯이 PTSD의 진단 기준은 6개 항목으로 나뉘지만, 그중에 정신질환 증상은 B, C, D 세 항목이다. 이 증상들을 알기 쉽게 요약하자면, 심적 외상을 잊으려고 해도 잊을 수 없고, 그 위협에 휘둘리며 현실에서 멀어진 상태를 말한다. 이를 좀 더 자세히 설명해 보겠다.

심적 외상을 체험했을 때 사람은 그 체험을 곧바로 받아들이지 못한다. 체험은 다양한 반응을 불러일으킨다. 충격으로

---

*   미국정신의학협회에서 발행하는 정신질환 분류 및 진단 매뉴얼. 가장 최근 판은 2013년에 나온 5판이다.

정신을 잃거나, 당시의 체험을 잊어버리거나, 넋이 나간 채로 감각이 마비되기도 하고, 체험의 중대성을 '부인'하고 대수롭지 않은 일처럼 행동하기도 한다. 이는 모두 마음이라는 시스템이 차마 견디기 힘든 타격에서 자신을 지키려는 방어 반응이다. 이를 정신분석에서는 '방어기제'(부인·억압·해리 등)라고 한다. 이 방어기제 덕분에 사람은 생생한 심적 외상에 직면하지 않아도 된다.

그런데 일단 의식에서 배제된 심적 외상은 사라지지 않고 온갖 기회를 포착해 의식 안으로 되돌아온다. 그것이 B의 증상이다. 이는 이미지, 사고, 환각, 착각, 플래시백, 고통스러운 감정 등의 형태로 나타난다. 의식에 침투한 심적 외상으로 인해 사람은 다시금 외상 체험을 또렷이 겪게 된다. 또한 수면 중 꿈속에 침투할 때도 많다. 이는 마음의 시스템이 직면하기를 회피한 심적 외상을 어떻게든 해소하고 흡수하려는 작용이다.

그리고 침투한 심적 외상을 재차 멀리하려는 마음의 작용도 일어난다. 그것이 C의 증상이다. 이때는 의식적으로 심적 외상을 떠올리지 않으려 노력하며, 떠올릴 것 같은 상황을 피

＊　증상이 지속되지 않고 일정 기간 나타났다가 호전되기를 반복하는 패턴.

<표 3> 외상 후 스트레스 장애의 진단 기준

A. 환자는 다음의 두 가지 조건을 모두 만족시키는 외상 사건을 겪은 적이 있다.

　① 자신 또는 타인이 실제 죽음이나 죽음에 대한 위협, 심각한 부상을 1회
　　이상 경험하거나 목격했다.

　② 환자의 반응에서 강한 공포, 무력감 또는 두려움이 나타난다.

　• 주: 아동의 경우 오히려 산만하거나 흥분을 나타내기도 한다.

B. 외상 사건을 다음 중 한 가지(또는 그 이상)의 형태로 반복해서 체험하고
있다.

　① 이미지, 생각, 지각을 포함해 반복적으로 고통스러운 회상이 떠오른다.

　• 주: 아동은 외상 사건의 주제 또는 양상이 표현되는 놀이를 반복하기도 한다.

　② 사건에 관한 고통스러운 꿈을 반복해서 꾼다.

　• 주: 아동은 구체적인 내용이 없는 악몽을 꿀 때도 있다.

　③ 외상 사건이 재발한 것처럼 느끼고 행동한다(외상 사건을 다시 경험하는
　　느낌, 착각, 환각 및 해리성 플래시백의 삽화*, 여기에는 각성 또는 중독
　　상태에서의 경험도 포함).

　• 주: 아동은 외상 사건의 특정 재연이 나타나기도 한다.

　④ 외상 사건과 유사하거나 이를 상징하는 내적 또는 외적 단서에
　　노출되었을 때 나타나는 극심한 심리적 고통.

　⑤ 외상 사건과 유사하거나 상징하는 내적 또는 외적 단서에 노출되었을 때
　　나타나는 생리적 반응.

C. 외상 사건과 관련된 자극에 대한 지속적인 회피와 일반적인 반응의 마비가
다음 중 세 가지(또는 그 이상) 나타날 때.

　① 외상과 관련된 생각, 감정 또는 대화를 피하려는 노력.

　② 외상을 떠올리게 하는 활동, 장소 또는 인물을 피하려는 노력.

③ 외상의 중요한 측면을 떠올리는 것이 불가능.

④ 중요한 활동에 대한 관심 또는 참여가 현저히 감소.

⑤ 타인으로부터 멀어지거나 소원해졌다는 느낌.

⑥ 감정의 범위 축소(예: 사랑의 감정을 느끼지 못함).

⑦ 미래가 단축된 느낌(예: 직업, 결혼, 자녀 또는 정상적인 삶을 기대하지 않음).

D. (외상 이전에는 존재하지 않았던) 각성 상태가 지속적으로 다음 중 두 가지(또는 그 이상)로 나타난다.

① 잠들기 어렵거나 수면을 유지하기 어려움.

② 자극에 쉽게 반응하거나 분노 폭발.

③ 집중이 어려움.

④ 과도한 경계심.

⑤ 지나친 놀람 반응.

E. 장애(기준 B, C, D의 증상)가 1개월 이상 지속된다.

F. 임상적으로 현저한 고통 또는 사회적, 직업적 또는 다른 중요한 기능 영역에서 장애를 초래한다.

* 다음과 같이 세분할 수 있음

급성: 증상의 지속 기간이 3개월 미만인 경우.

만성: 증상의 지속 기간이 4개월 이상인 경우.

* 다음과 같이 세분할 수 있음

지연 증상: 증상이 스트레스 요인으로부터 적어도 6개월이 지난 후에 나타난 경우.

자료: 『정신질환의 진단 및 통계 편람 4판』 *DSM—IV*.

한다. 또한 심적 외상은 의식에서 멀어져 분리되기도 한다. 그에 따라 평상시에 필요한 마음의 작용(감정·지각·의욕 등)이 심적 외상과 함께 분리된다. 이것이 C의 ④, ⑤, ⑥, ⑦과 같은 증상으로서 '이인증'* 및 '우울 증상'이다.

이처럼 PTSD 증상에는 심적 외상의 '침투'와 '배제'라는 두 가지 모습이 존재한다. 이 특징은 전쟁, 범죄, 재난 등 모든 심적 외상에서 공통으로 나타난다.

D는 '과잉 각성'과 관련한 증상이다. 극도의 스트레스를 받으면, 마음은 다음 스트레스에 대비해 경계 태세에 들어가 감각이 예민해지고 긴장한 상태가 된다. 이 상태를 '과잉 각성'이라고 한다. B의 증상과 같이 마비된 부분과 과민한 부분이 공존한다. 이런 상태에서는 약간의 자극만으로도 소스라치게 반응하게 된다. 또한 밤에 잠드는 것도 힘들어진다.

위와 같은 증상들이 1개월 이상 지속했을 때 PTSD로 진단한다. 이런 증상이 나타나도 1개월 이내라면 PTSD가 아니라 별도의 진단명, 예를 들면 급성 스트레스 장애에 해당한다. 심적 외상을 입은 사람 대부분이 이런 증상을 보인다고 하는

---

* 자신이 낯설게 느껴지며 몸과 마음이 분리된 듯한 느낌을 받는 상태.

데, 그중에 1개월 넘게 증상이 지속돼 PTSD로 진단되는 사례는 적게는 3.6퍼센트부터 많게는 75퍼센트까지 그 범위가 넓다고 한다. PTSD 여부는 재난의 유형이나 피해자가 처한 상황에 따라 변한다.

아이가 입은 마음의 상처

아이 역시 생존이 위협받는 일을 겪고 마음의 상처를 입는다.

아이가 심적 외상을 입었을 때의 반응은 〈표 3〉 중 '·주'에 기재돼 있다. 아이들도 연령에 따라 반응이 달라지는데, 보통 자신에게 닥친 일을 말로 충분히 표현하기 어려워하기 때문에 신체나 행동에서 이상이 나타난다. 손가락 빨기, 소변 실수 등의 퇴행 행동, 눈 깜빡임, 입을 일그러뜨리는 등의 틱(불수의운동), 발열, 복통 등 자율신경실조증과 같은 증상이 이에 해당한다.

또한 〈표 3〉 B의 '·주'에 나오듯이 "외상을 주제로 하거나 외상 체험의 한 장면을 표현하는 놀이", 즉 흉내 놀이도 자주 볼 수 있다. 한신·아와지 대지진 후에는 많은 아동이 '지진 놀이'를 하는 모습이 나타났다. 애써 쌓아 올린 나무토막을 갑자기 무너뜨린다든지, 장난감 집을 엉망으로 만든다든지, 그림을 그리다가 새까맣게 칠해 버리는 등 재난을 재현하는 놀이를 하는 것이다. 당시 두 살이던 내 딸도 지진 직후에 곧잘 구급차 사이렌 소리를 입으로 흉내 냈다.

아이의 생존은 대부분 양육자(부모)에게 달려 있다. 그래서 아이가 입는 심적 외상은 대부분 가정 내에서 발생할 때가 많다. 미국에서는 1962년에 C. 헨리 켐프C. Henry Kempe가 심각한 아동 학대 때문에 나타난 결과를 '피학대 아동 증후군'battered child syndrome[매 맞는 아이 증후군]으로 발표한 것을 계기로 '아동 학대'에 대한 관심이 높아졌다. 아이는 어떤 피해든 자신이 직접 그것을 밖에 알릴 수 없다. 주위 어른이 발견한 뒤에야 비로소 드러난다. 미국에서는 1992년에 300만 건의 아동 학대 신고가 접수됐고, 그중 100만 건에서 학대 사실이 확인됐다.

아동 학대는 드문 현상이 아니다. 가정 전체에 커다란 스트레스가 닥쳤을 때, 그 스트레스는 분명히 아이를 짓누른다. 제2부에서도 소개한 것처럼, 대지진 후 전화 상담을 진행한 히가시야마 치에 씨에게는 수많은 아동 학대 상담이 들어왔다[131쪽].

대지진으로 아이가 받은 심적 외상은 지진 그 자체보다 오히려 재난으로 인해 달라진 가정환경에서 발생했을 가능성이 높다. 예를 들어 부모가 자신의 불안한 감정을 아이에게 쏟아 내기도 하고, 바빠서 아이를 제대로 보살피지 못하는 경우도 있다. 또한 아이가 깊이 상처받은 부모를 배려하다가 상처를 입기도 한다.

중요한 것은 아이의 경우 '마음의 상처'로 인한 증상이 어른보다 간과되기 쉽다는 점이다. 어린 시절에 입은 마음의 상처가 곧바로 증상으로 나타난다고는 볼 수 없으며 사소한 징후를 지나칠 때도 많다. 아이는 하나의 감정이 어른만큼 오래 가지 않는다. 울음을 터뜨리다가도 금세 신이 나서 재잘댄다. 친구와 싸워도 금방 함께 다시 놀기도 한다. 재난 보도에서는 대체로 아이들의 밝은 모습을 비췄다. "아이는 의외로 씩씩한데 우리가 힘이 안 나요"라고 말하는 부모와 선생님들도 있었다. 하지만 아이가 심적 외상을 받지 않은 것은 아니다. 아이의 행동과 감정의 잦은 변화가 오히려 심적 외상을 발견하기 어렵게 만드는 것이다.

치유되지 못한 어린 시절의 심적 외상은 마음 한구석에 언제까지나 사라지지 않고 남는다. 마음에 큰 상처를 입은 아이는 어른이 된 후에도 살아가는 데 괴로움을 느끼는 경우가 많다. 살아가는 괴로움이 마음의 병으로 발전하기도 한다.

아이는 상처 입기 쉽지만, 동시에 회복하는 힘 또한 크다. 그런 의미에서도 아이의 '심적 외상'을 적절하게 돌보는 일은 대단히 중요하다.

더없이 소중한 것을 잃는 일

대지진은 사람들에게서 많은 것을 빼앗아 갔다. 더없이 소중한 것을 잃으면 마음은 어떤 상처를 받을까. 소중한 것을 잃는 체험을 '대상 상실'object loss이라고 한다. 상실 체험은 슬픔·우울·분노의 감정을 낳고 그 사람을 괴롭힌다. 그런 의미에서 상실 체험도 일종의 심적 외상이다. 하지만 상실이라는 외상 체험이 반드시 PTSD로 이어지는 건 아니다. 이는 오히려 '우울 상태'와 관련이 깊다. 상실 체험에도 여러 종류가 있는데, 오코노기 게이고 씨는 '대상 상실'을 다음과 같이 정리했다(小此木啓吾 1979).

(1) 가까운 사람의 죽음이나 실연 등 사랑하고 의지하는 대상의 죽음이나 이별

(2) 익숙한 환경과 지위, 역할, 고향으로부터의 이별

　　① 가깝고 일체감을 느꼈던 사람의 상실

　　② 익숙했던 환경의 상실

　　③ 환경에 적응하는 데 필요한 역할과 생활 양식의 상실

(3) 자신이 자랑스럽게 여기거나 꿈꿨던 것, 소유했던 대상의 상실

　　① 정체성의 상실

　　② 자기 소유물의 상실

③ 신체적 자기개념의 상실

그중에서도 가장 중대하고 전형적인 상실 체험은 '사별'이다. 2부에서도 다룬 '사별 경험'에 관해 여기서 좀 더 상세하게 들여다보자.

사별 경험이 '우울'로 이어지는 것은 쉽게 상상할 수 있지만, 기분이 우울하다고 해도 사별 직후에 똑같은 정신 상태가 계속 이어지진 않는다. 사별에 직면한 사람의 마음은 다양한 과정을 거친다. 여기에는 공통된 단계가 있다. 이 과정을 '비애' 또는 '애도'라고 한다. 존 보울비John Bowlby는 '애도'가 네 단계에 걸쳐 이루어진다고 설명했다(広瀬徹也 1987).

> 1단계　무감각
> 2단계　잃어버린 대상을 되찾으려는 충동
> 3단계　우울
> 4단계　이탈

1단계는 죽음을 알았을 때의 반응이다. 죽음에 직면한 상황도 여러 가지가 있을 것이다. 한신·아와지 대지진의 경우에는 눈앞에서 재난 사망·사고 사망을 목격한 사례, 일단 구출됐으나 장시간 압박으로 근육이 파괴돼 나타나는 '크러시 증후군'으로 병원에서 사망한 사례, 멀리 떨어진 곳에서 부고를 들은 사례 등 다양했다. 하지만 어느 쪽이든 죽음에 직면한 사람을 덮치는 건 충격으로 '감각이 마비된 상태'다. 귀가 잘 안 들리거나 사건의 전후에 있었던 일이 나중에 기억나지 않기도 한다.

2단계는 죽음을 받아들이지 못하는 상태다. 이때 충격으로부터 자신을 지키기 위해 '부인'하는 기제가 작동하기 때문이다. 특히 시신이 확인되지 않았을 경우 사망 사실을 받아들이기란 대단히 어렵다. "유족의 간절한 마음으로는 죽은 가족이 혹시라도 재난의 폐허 속에 혹은 어딘가 안전한 곳에 살아 있을지도 모른다는 생각이 머리에서 떠나지 않는다. 이처럼 고통으로 가득한 간절함과 함께 극심한 신체적 고통 ― 호흡 곤란, 두근거림, 쇠약감, 위 불쾌감 등 ― 이 닥쳐온다. 마치 몸의 일부가 잡아 뜯기는 듯한 고통이다"(ラファエル 1989).

이런 시기를 지나 마침내 3단계 '우울'에 도달하는데, 이 단계도 결코 일률적이지는 않다. 알폰스 데켄Alfons Deeken은 '애도'의 과정을 더욱 세밀하게 나누었다(曾野綾子·デーケン 1984).

① 정신적 타격과 마비 상태
② 부인

③ 패닉

④ 분노와 부당하다는 느낌

⑤ 적의와 원한ressentiment

⑥ 죄의식

⑦ 공상, 환상

⑧ 고독감과 우울

⑨ 정신적 혼란과 무기력(무관심)

⑩ 포기: 수용

⑪ 새로운 희망: 유머와 웃음의 재발견

⑫ 회복 단계: 새로운 정체성의 탄생

'부인'에서부터 '우울'까지의 단계는 명확히 구분할 수 없고 ②~⑨를 오가면서 진행된다. 중요한 것은 이런 과정을 가로막지 않고, 오히려 '애도'를 거치는 일이다. '대상 상실'로 인한 슬픔, 분노, 우울이 발생하는 것은 당연하다. '왜 우리 아이가……' '왜 나에게 이런 재난이……' 같은 분노는 불공평한 '운명'을 향한 것이지만, 동시에 구조해 준 사람·의료 관계자 등 죽음에 관계된 모든 사람에게 느끼는 감정이기도 하다. 또한 스스로 '왜 이렇게 사람들을 원망할까' 고민하고, 그 분노를 억누르는 과정에서 고통을 겪는다.

이런 상태에서 한 발자국 나아가려면 주위의 도움이 필수적이다. '애도'의 과정이 정체되다가 우울증이나 알코올의존증으로 발전하기도 한다. 부부 사이에 '애도 과정'을 공유하지 못하고 끝내 이혼에 이를 때도 있다. 주위 사람은 사별자의 고통을 존중해야 하고, 그것이 어떤 감정일지라도 억눌러서는 안 된다. 2부에서 소개한 자조 모임이나 전문가의 지원도 도움이 될 것이다.

　　아이의 경우는 어떨까. 아이는 이런 '애도'의 과정이 명확하지 않은 듯하다. 부모의 죽음에 맞닥뜨린 아이의 반응은 연령에 따라 차이가 있다. 라파엘에 따르면, 한 살 반부터 두 살은 슬픔과 그리움을, 두 살부터 다섯 살은 슬픔·분노·부인·그리움·반발·비애·절망을 느끼며, 다섯 살부터 여덟 살은 여기에 더해 죄책감과 공포가 강해진다. 열 살부터 열한 살은 어른에 가까운 반응을 보이지만, 이 연령대의 상실 반응은 부모의 슬픔이나 괴로움에 대한 자신의 반응과 가정생활의 혼란으로 복잡한 양상을 띤다. 부모를 잃은 아이의 25퍼센트에서 '소아우울증'이 보였다는 연구 결과도 있다. 부모에게 의존해서 살아가는 아이에게 부모의 상실은 극도로 가혹한 심적 외상인 것이다.

앞서 '심적 외상' 'PTSD' '상실 체험'을 살펴봤는데, 이런 지식의 대부분은 미국 정신의학에서 온 것이며, 일본의 정신의학은 마음의 상처 문제에 관해 그다지 적극적이지 않았다. 나는 10년 차 정신과 의사지만, 내가 연구를 게을리한 것을 감안하더라도, 심적 외상이 화제가 되기 시작한 건 최근 몇 년 사이의 일이다. 예를 들면 1970년대 후반부터 수년에 걸쳐 간행된 『현대정신의학대계』現代精神醫學大系는 색인까지 합쳐 무려 57권에 달하는, 당대의 정신의학 지식을 아우르는 책이지만, '심적 외상' 내지 '정신적 외상'이라는 용어는 단 세 곳에서만 간단히 언급될 뿐이다.

　　일본 사회로 범위를 넓혀 봐도 사정은 마찬가지다. 이제까지 일본인은 마음의 상처에 관한 자각이 없었다. 일본 문화에서는 마음의 상처를 홀로 가슴속에 숨겨 두는 것을 '미덕'으로 여겨 왔다. 심적 외상을 겉으로 드러내지 않는 미학은 무사도武士道, 엔카演歌와 야쿠자 영화에서도 발견할 수 있다. 상처 입은 마음을 입에 올리는 것은 수치스럽고 경박한 행동이라고 여긴 것이다. 지금도 정신적인 문제를 호소하면 "응석 그만 부려" "너만 상처를 입은 게 아니야" 같은 반응을 보이는 사람이 적지 않다.

해외 언론은 대지진 후에도 시민들이 침착하고 예의 바른 행동으로 슬픔을 드러내지 않는 모습을 놀라워하며 보도했다. 그 모습은 분명 일본의 미의식美意識에서 비롯된 행동이었다. 시민들의 행동은 마음의 상처를 표현하지 않는 오래된 가치관에서 나왔던 것이다.

하지만 지진 후 마음 돌봄이 큰 화제가 되자 언론은 일제히 이 문제를 다뤘다. '마음 돌봄 열풍'이라고 해도 좋을 만큼 유행처럼 번진 이 현상은 어디서부터 시작된 것일까.

보도를 통해 대지진 소식을 접한 사람은, 직접 겪지는 않았지만 텔레비전으로 지진 피해를 '목격'했다. 걸프전 당시 우리 중에는 전쟁 보도가 마치 비디오게임 장면을 보는 것 같다고 말하는 사람이 많았다. 하지만 이라크에서 벌어지는 전쟁에는 '강 건너 불구경'이던 시청자들도 한신·아와지 대지진은 피부에 와닿는 사건일 수밖에 없었던 걸까. 고베, 아시야, 니시노미야, 다카라즈카, 아와지 등에 친척과 친구들이 살거나 과거에 자기가 살았던 적이 있는 사람도 전국에 많았을 것이다. 또한 직접적인 관계는 없더라도 일본의 대도시가 일순간에 붕괴해 마치 전후의 폐허로 돌아간 듯한 모습을 보고 차마 남의 일로만 여길 수 없는 충격을 받았을지도 모른다. 즉, 텔레비전에서 재난을 '목격'한 사람들도 마음의 고통을 분명히 느꼈을 것이다. 그래서 마음의 상처에 대해 사람들이 민감하게 의식하고 마음 돌봄에 대한 관심이 뜨거워진 것 같다.

지금까지 일반적인 심적 외상에 대해 살펴봤다. 이제 한신·아와지 대지진의 심적 외상에서 드러난 특징을 다시 한번 정리해 보자.

우선 재난이 발생했을 때의 충격적인 경험이다. 모든 것은 여기서 시작된다. 사람들은 진도 7의 대지진을 아무런 준비 없이 맞닥뜨렸다. 지붕이 무너져 집이 부서지거나 방에서 장롱에 깔려 많은 사람이 목숨을 잃었다. 살아남은 사람들은 이 충격적인 경험을 평생 잊지 못할 것이다.

심적 외상을 입은 사람은 당시의 기억이나 감정, 감각을 나중에 생생하게 떠올릴 때가 많다. 이것을 '플래시백'flashback이라고 한다. 플래시백은 통상 정지 화면과 같은 시각적 이미지로 경험하는 경우가 많다고 알려져 있다. 하지만 한신 대지진이 일어난 시각은 해가 뜨기 전 새벽이어서 아직 주위가 캄캄했고, 자고 있던 사람들이 많았기 때문에 시각적 이미지로 남기 어려웠다. 그 대신 많은 사람이 당시에 받은 충격을 '체감'으로서 기억했다. 대지진 발생 후 거듭되는 여진으로 인해 사람들에게 몇 번이나 그때의 '체감'이 되살아났다. 가만히 있어도 진동을 느끼는 형태로 플래시백이 반복된 것이다.

지진 직후에 불이 나 순식간에 대형 화재로 번졌는데, 여기에 휘말린 사람은 지진과는 또 다른 공포와 충격을 경험했다. 화재는 지진과 다르게 시각 이미지로서 깊이 각인되어 플래시백도 나타났다.

그 밖에도 매몰되거나 죽음을 목격하는 등 수많은 충격적인 경험이 심적 외상이 됐다. 2부에서 소개한 소방대원의 수기에는 목격자가 받은 상처가 생생하게 느껴진다. 이런 체험이 PTSD로 이어졌다.

지진 자체의 충격 외에도 많은 심리사회적 스트레스 요인이 있다. 재난 직후와 지금, 그 내용은 조금씩 달라지고 있다.

가정에서 발생하는 문제로는 가족과의 사별, 가족의 부상이나 질병의 악화, 지진으로 인한 동거 내지는 별거, 여유가 없는 부모의 자녀 방임, 부적절한 훈육 등이 있다. 가족이 무사해도 가족 관계가 재난 전과 크게 달라진 가정이 많다. 과거의 생활을 잃어버린 것이다.

주거에 관한 문제는 일단 살 곳을 잃어버리는 데 있다. 많은 집이 완파되거나 반파 판정을 받고 철거됐다. 그 후 임시 거처를 구해 이사한 사람도 있고, 경제적인 여유가 없어 임시 주택에 사는 사람도 있다. 재건축을 둘러싸고 세입자와 집주인이 대립하는 문제도 있다. 일반적으로 주거에 관한 분쟁은 사람을 극도로 지치게 하는 법이다.

또 경제적 문제와 직업적인 문제가 있다. 지진으로 많은 재산 피해가 발생했다. 특히 영세한 공장이나 음식점, 상점을 경영하는 사람 중에는 거의 전 재산을 한꺼번에 잃은 사람이 많다. 부지런히 쌓아 올린 것을 잃었을 때 드는 상실감은 무척 크다. 잃은 것을 되찾기 위해서는 추가 지출이 필요하다. 그중에서도 집이나 자영업 점포의 보수·리모델링에 드는 비용은 액수가 커서 추가로 대출이 필요할 때도 많다. 실업·이직·근무 조건 변화 등으로 수입이 없어지거나 줄어든 사람도 많다.

이상과 같은 스트레스 요인은 대부분 여전히 계속되고 있다.

어느 정도 해소 과정에 있는 스트레스 요인도 있다. 예를 들면 재난 직후에는 파괴된 기반 시설과 단절된 교통이 커다란 스트레스였다. 유아나 노인이 있는 가정에서는 특히 불편이 컸다. 또 물, 가스, 전기가 없는 생활은 현대인에게 대단히 고통스러운 일이었다. 지금도 물을 길며 고생하던 이야기가 사람들의 화제에 오를 정도다. 하지만 기반 시설과 교통은 이미 복구돼 더는 스트레스 요인이 아니다.

거리의 풍경도 조금씩 달라지고 있다. 대지진 직후의 풍경은 몹시 삭막했다. 기울어진 건물, 무너진 목조 주택, 콘크리트 벽의 균열, 쩍 갈라진 인도, 불탄 거리의 한 모퉁이. 무너진 주

1 마음의 상처란 무엇인가

택이 늘어선 동네 여기저기에는 조화가 놓여 있었다. 그 자리에서 누군가 세상을 떠난 것이다. 어떤 사람은 "공동묘지에 사는 것 같다"라고 내게 말하기도 했다. 그 안에서 산다는 게 큰 스트레스였다. 지금도 해체 공사와 건설 공사가 곳곳에서 진행되고 있지만, 대지진 직후에 비하면 훨씬 깨끗해졌다.

이런 심리사회적 스트레스 요인으로 발생하는 문제는 '상실'과 '부적응'이다. '상실 체험', 즉 사랑하는 사람·집·일·재산을 잃는 경험은 우울 상태와 연결된다. '부적응'은 생활에서 겪는 변화와 관련한 어려움이다. 지진 이후 동거로 인한 가족 관계의 변화, 이사·전학·이직 등에 따른 인간관계의 변화도 상당한 스트레스가 된다. 새로운 환경에 적응하기 위해서는 많은 에너지가 필요한데, 기력이 소진돼 우울해지거나 알코올에 빠지거나 감정과 행동이 거칠어지는 일도 발생한다. 적응에 성공한 사람과 그러지 못한 사람의 격차는 시간이 흐르면서 점차 벌어져 간다.

이 부적응 문제는 PTSD나 우울 상태를 제대로 진단하고 치료하는 일과는 달리 비교적 작은 스트레스들이 모여 쌓인 것이기 때문에 간과하기 쉽다. 또한 사회는 적응하지 못하는 사람을 강하게 질타한다. 이들은 노력이 부족하다고 비난받기 쉽다.

적응 문제는 특히 청소년들에게 나타나기 쉽다. 로버트.S.

피누스Robert.S.Pynoos는 재난에 따른 생활 변화로 인해 나타나는 청소년 특유의 문제로 다음의 네 가지를 들었다(麻生克郎·加藤寬·福本育子 1996).

① 인생 계획에 차질이 생긴다.

② 자존감의 저하.

③ 비행과 폭력으로 이어진다.

④ 도덕성에 부정적 영향.

이런 생활 변화와 부적응 문제는 개인의 병이라기보다 사회문제로서 중요하다. 개별 사례의 대응뿐만 아니라 사회제도 상의 대응도 필요할 것이다. 예를 들면 학교 교육에 마음 돌봄을 체험할 수 있는 프로그램을 도입할 수도 있지 않을까.

현재로서는 안타깝게도 PTSD나 우울 상태를 비롯한 정신의학적 장애가 어느 정도로 재난 지역 주민들에게 발생했는지 충분한 조사가 이루어지지 않았다. 사생활 보호의 문제나 행정기관 간 협력 체계의 문제도 있어서 일부 지역으로 한정하더라도 주민 전체 조사는 불가능할 것이다. 또한 주민들로서도 이런 조사가 그다지 내키는 일은 아니다. 조사와 돌봄은 병행이 무척 어려운 일인 것 같다.

2

마음 돌봄이란

무엇인가

사실 한신 대지진 당시 언급되던 마음 돌봄은 도무지 종잡을 수 없었다. 많은 사람이 재난 지역을 방문해 다양한 구호 활동에 나서 열풍이라고 말할 수 있을 정도였다. 순회 면담, 아동을 대상으로 한 활동(함께 놀거나 그림 그리기), 전화 상담, 전단 제작과 배포……. 정신과 의사의 약물 치료와 연예인의 위문까지 모두 '마음 돌봄'이라고 불렀다.

모든 활동이 이재민의 마음을 어떤 형태로든 위로했을 테고, 그 가치와 의미도 충분하다. 하지만 그럼에도 불구하고 역시 부족한 부분이 있었다. 그것은 재난 심리학의 지식, 경험과 더불어 전체를 바라보는 관점이었다. 나를 비롯한 정신과·심리 자원봉사자들은 자기가 하는 일의 의미를 충분히 이해하지 못했던 건 아닐까. 정신과 의사의 구호 활동은 점차 '현립 정신 보건 복지 센터'가 중심을 잡고 관리했는데, 전체적인 파악은 마지막까지도 어려웠던 것 같다. 또 원래 재난 시 구호 활동은 다양한 부문이 연계해야 하지만, 아쉽게도 다른 분야의 활동과 연계할 만한 여유도 없었다.

2 마음 돌봄이란 무엇인가

전문가조차도 그 뜻을 정확히 파악하지 못할 정도였으니, 언론에서 '마음 돌봄'이라는 용어가 불분명하게 쓰일 때마다 나는 왠지 모를 불편함을 느꼈다. 노다 마사아키 씨의 말처럼 "(마음 돌봄이라는) 유행을 보도하는 언론이 스스로 유행에 휩쓸려 자신들이 무슨 이야기를 하고 있는지 판단할 필터를 갖지 못했다"(野田正彰 1995).

연예인의 방문 이벤트나 단체 배식도 이재민들의 마음을 위로한 것은 분명하다. 하지만 재난 정신보건이라는 문제는 이런 활동과는 별도로 생각해야 한다.

구호 시스템

마음 돌봄이라고 해도 정신과 의사나 임상심리사가 전면에 나서는 건 좋은 방법이 아니다. 라파엘의 지적대로 "재난 직후 정신 건강의 응급처치 역할은 다른 중요한 작업들과 밀접하게 연관돼 있기 때문에, 되도록 연계하면서 응급 작업 담당자들의 상황을 인식하고 협력하며 진행해야" 한다.

후겐산 분화* 후 정신보건 활동에 나섰던 나가사키현 정신보건 복지 센터의 정신과 의사 아라키 겐이치도 "재난 후 주민들에게는 한동안 충격에 휩싸여 비탄에 빠지는 시간이 필요하며, 그때는 (응급조치는 별도로 하고) 상담보다 오히려 생활 지원에 중점을 두는 편이 정신적 지원으로 이어질 것"(荒木憲一 1995)이라고 말했다. 즉, 마음 돌봄은 독립적으로 움직이기보다는 일반적인 구호 활동에 포함시키는 편이 좋다. 데이비드 로모는 이렇게 말한다.

> (이재민들을 찾아다니는 봉사자는) "상담을 받으세요"라고 말을 꺼내서도 안 되고, '정신의학', '심리학' 같은 전문용어도 금기입니다. 주민들의 마음을 돌보겠다고 애쓰지 말고, 무엇이든 그 자리에서 도움이 될 만한 일을 하면 됩니다. …… 주민은 우선 현실적인 도움이 필요합니다. 정신 건강 구호자는 다른 부문의 진행 상황과 공적 절차, 교통수단 확보에 이르기까지 지역의 모든 정보를 알아 둘 필요가 있습니다(로모 1995).

실제로 미국 적십자는 일본 적십자와 달리 의료 활동은 일

---

*   1990년 11월 일본 나가사키현에 위치한 해발 1359미터의 활화산인 후겐산이 분화해 수천 명의 주민이 대피하고 43명이 사망했다.

절 하지 않고 대피소 확보와 담요나 식료품 제공 등 일반적인 구호 활동만 한다고 한다. 그중 하나로 정신보건 활동을 하는 재난정신건강서비스Disaster Mental Health Services, DMHS 팀이 있다. 이들의 활동은 크게 네 가지로 나뉜다(麻生克郎·加藤寬·福本育子 1996).

① **교육**　　재난으로 인한 스트레스에 관해 이재민, 구호 봉사자에게 알려 준다.

② **문제 해결**　이재민과 구호 봉사자 사이에 문제가 발생하면 조언을 하고 돕는다.

③ **점검과 제안**　대피소 운영과 물자 인도 등에 관한 개선책을 제안한다.

④ **소개와 개입**　세 번까지 무료로 상담을 하고, 필요한 사람은 전문가를 소개한다.

말하자면, 마음 돌봄 의료진은 일반적인 구호 활동의 전면에 나서지 않고 뒤에서 받쳐 주는 '그림자' 역할을 주로 맡는다.

한신·아와지 대지진의 경우, 언론이 이재민에 대한 직접적인 마음 돌봄의 필요성만 강조한 탓에 정신·심리 전문가들은 다른 역할에 눈을 돌리기가 어려웠다. 구호 활동에 참여한 의료반 사람들도 마음 돌봄은 정신의학·심리학 전문가가 하는 특수한 역할로 오해했던 것 같다. 우리는 의료반에 연계를 요청하고도 거절당하기도 했다(유감스럽게도 그 기관은 일본 적십자였다).

미국 적십자의 활동은 전체 재난 구호 활동에서 한 축을 맡는 데 불과하다. 매년 대홍수와 화재가 발생하는 로스앤젤레스에는 '긴급상황실'Emergency Operation Center, EOC이라는 행정기관이 존재한다. EOC는 재난 발생 시 행정상 모든 권한을 갖는다. EOC가 발동하면 수직적 행정 체계에서의 사전 논의 절차는 불필요해진다. 미국 적십자뿐만 아니라 소방, 복지, 보건, 내무부, 노동부, 보안관, 검시관 등도 EOC와의 연계에 따라 움직인다.

예를 들면 1994년 노스리지 지진 당시 EOC는 구호 활동에 우선순위를 정했다. ① 대피소·생필품 확보, ② 가급적 조기에 자활·자립하도록 도울 것, ③ 경제적인 부흥을 추진할 것, ④ 정신 건강이 그것이다. 초동 대처는 지진이 발생하고 불과 10분 후에 이루어졌다.

한신·아와지 대지진의 경우, 효고현과 시의 지진대책본부에서 연계가 충분히 이루어지지 않는 것 같았다. 평상시에 예행연습을 하지도 않았고 지진대책본부에 전권이 위임되지도 않았으니 연계가 순조롭지 않은 건 불가피했다.

현재는 마음돌봄센터가 설립됐다. 하지만 다른 행정기관이 과연 마음돌봄센터를 인지하고 있을까. 마음돌봄센터를 고립시킨다면 할 수 있는 일은 지극히 제한적일 것이다. 향후 발생하는 재난에 대처하려면 본격적으로 마음돌봄센터와 행정기관의 연계가 필요하다.

이재민·구호자의 마음 돌봄

재난 직후 주민들은 다양한 심신의 불편을 겪는데, 이것은 재난이라는 비정상적 상황에 대한 정상적 반응이다. 이는 대부분 일시적인 것으로서 시간이 지나면 줄어들지만, 충격이 지나치게 클 때는 PTSD로 장기간 이어지기도 한다. PTSD 예방을 위해 재난 체험을 타인에게 이야기하고, 그에 관한 감정을 표현하는 작업이 중요하다.

즉, 구호자가 이재민의 체험과 감정을 듣는 일이 마음 돌봄이 된다. 데이비드 로모는 이재민에게 이야기를 듣는 기술을 '액티브 리스닝'이라고 명명했다. 그는 '액티브 리스닝'에서 주의할 점을 다음과 같이 정리했다(ロモ 1995).

액티브 리스닝의 기본

- 철저히 '듣는 역할'에 집중한다.

- 대화를 할 때 주도권을 갖지 말고 상대의 페이스에 맡긴다.

- 이야기를 끌어내기 위해 맞장구를 치거나 질문을 던진다.

- '사실 → 생각 → 감정'의 순서로 이야기를 이끌어 내는 것이 좋다.

- 옳고 그름을 판단하거나 비평하지 않는다.

- 상대의 감정을 이해하고 공감한다.

- 상대의 욕구를 알아차린다.

- 안심시키고 지지한다.

'사실 → 생각 → 감정'은 이재민에게 외상 체험에 관한 이야기를 듣는 순서를 말한다. '무슨 일이 일어났는지' '어떻게 생각했는지' '어떻게 느꼈는지'의 순서대로 이야기를 유도하면, 그들도 말하기가 수월하고 듣는 사람도 편하다.

일본에서는 '힘내라'라는 격려가 습관처럼 굳어 있다. 대지진 후 '힘내라 고베'라는 구호를 온 거리에서 볼 수 있었다. 하지만 로모가 말한 대로 격려하지도 비판하지도 말고, 상대의 이야기를 경청하는 태도가 가장 중요하다. 이는 전문적인 정신 치료에서도 중요한 부분이다.

언론에서는 아이가 지진에 관한 그림을 그리는 모습을 크게 보도했는데, 아이의 마음 돌봄은 그게 다가 아니다. 스킨십 또한 중요하다. 무서워하면 껴안아 주고, '지진 놀이'나 '유아 퇴행'을 인정해 줘야 한다. 아이가 안심할 수 있도록 배려를 잊어서는 안 된다.

이재민의 돌봄과 마찬가지로 구호자의 돌봄도 중요하다. 상처 입은 주민과 지친 자원봉사자로는 제대로 돌보기 어렵다. 그래서 우선 이재민을 직접 만나는 구호자를 교육하는 일이 아주 중요하다. 구호자가 이재민의 마음을 얼마나 이해하느냐에 따라 구호의 질이 크게 달라지기 때문이다. 이번 대지진에서 구호를 맡은 소방대원·자위대원·의료 관계자 등 구호자 대다수는 마음 돌봄을 전혀 받지 않은 채 가혹한 임무에 시달려야만 했다.

미국에서는 '디브리핑'debriefing이라는 방법이 쓰이고 있다. 이것은 '보고를 듣는다'라는 의미인데, 원래는 군대에서 쓰이는 용어였다. 구호자의 '마음을 돌보는' 이 방법은 "재난 체험과 구호 활동에서 받은 스트레스에서 벗어나기 위한 공식적인 대화의 장"으로서, "임무를 마치고 좋았던 일, 힘들었던 일, 당시의 감정과 현재의 감정 등에 관해 이야기를 나누는" 일이다(麻生克郎·加藤寬·福本育子 1996). 이때 의료진의 역할은 그 자리에서 감정을 정리할 수 있게 돕는 것이다.

디브리핑보다 조금 더 비공식적인 모임으로 마음 돌봄 의료진 없이 이루어지는 자리도 있다. 이를 '디퓨징'defusing이라고 하는데, 이때는 구호자들끼리 잡담을 나누며 구호 활동에 관해 허심탄회하게 이야기를 나눈다.

우리가 대학 병원에서 진행한 간호사 대상 순회강연은 지금 생각하면 '디브리핑'이나 '디퓨징'과 비슷했던 것 같다. 그러나 적극적으로 간호사들의 발언을 듣지는 않았기 때문에 그들은 감정을 제대로 정리하기가 어려웠을 것이다. 이 부분은 반성해야 할 지점이다.

PTSD의 치료

대지진은 다양한 형태로 주민들의 마음에 상처를 입혔다. 사람들은 마음의 상처를 불면, 긴장, 불안, 공포 등 심신의 변화로서 체험했다. 그것은 '비정상적 상황에 대한 정상적 반응'이다. 시간이 흐르면 다양한 심신의 변화는 자연스럽게 해소되는 경우도 많다. PTSD란 이런 '정상적 반응'이 해소되지 않고, 증상이 지속되거나 악화된 상태를 가리킨다. 마음의 상처가 치유되기는커녕 나날이 사람을 괴롭히고 삶을 힘들어지는 것이다.

그러나 재난 직후에 '정상적 반응'이 일단 가라앉은 것처럼 보여도 마음의 상처가 해소됐다고 딱 잘라 말할 수는 없다. 눈에 띄는 증상은 없어도 일종의 '살기 힘든' 상태가 지속될 때도 있기 때문이다. 가령 진심으로 즐기지 못하는 마음, 사회와 어긋나는 감각, 고립감 같은 것들이 그렇다. 이런 고통은 정신과적 '증상'으로 파악하기 어려우므로 '병'으로 인식해 치료하는 일이 드물다.

마음 돌봄의 장기적 목표는 이런 '살기 힘든' 상태를 완화하는 데 있다. 그리고 마음의 상처로 살기 힘든 상태에서 회복한다는 점에서는 PTSD의 치료도 일반적인 마음 돌봄의 연장선상에 있다고 말할 수 있다. 반대로 PTSD의 치료에서 일반적인 마음 돌봄에 관한 힌트를 얻을 수도 있을 것이다.

그럼 구체적인 치료에 대해 생각해 보자.

PTSD는 심적 외상을 입고도 그 체험을 자신 안에서 받아들이지 못하는 상태다. 즉, 치료의 목표는 외상 체험을 받아들일 수 있도록 돕는 것이다. 마르디 존 호로위츠Mardi Jon Horowitz는 이를 "외상 체험에 관해 생각하거나 생각하지 않는 것 모두 자유롭게 가능하도록 돕는 일"이라고 말한다(ラファエル 1989).

그렇다면 어떻게 도와야 할까. 베셀 반 데어 콜크Bessel van

der Kolk는 PTSD 치료의 주요 요소로 네 가지를 꼽는다(河合隼雄·日本臨床心理士会·日本心理臨床学会編 1995).

① 안전하다는 감각을 되찾는다.

② 당시의 무서운 체험을 매듭짓는다.

③ 생리적인 스트레스 반응을 통제한다.

④ 안정된 사회적 유대 관계와 대인 관계를 재구축한다.

심적 외상 체험을 입은 직후의 대응으로는 ① '안전하다는 감각'을 되찾는 것이 아주 중요하다. 때에 따라서는 외상 체험을 겪은 상황에서 안전한 환경으로 환자를 보호할 필요가 있다. 또한 환자는 사소한 일에도 동요하기 쉬워서 간단한 일도 판단하기 어려울 때가 많다. 이 단계에서는 일단 환자를 안정시키는 작업이 중요하다.

하지만 외상 체험으로부터 시간이 지나도 여전히 '안정감'은 중요하다. 환자 주변의 환경을 조정하는 데서 그치지 않고, 안심할 수 있는 치료자-환자 관계를 수립해야 한다. 치료자는 환자가 느끼는 방식이나 사고방식을 존중하고, 치료 과정에서 재차 환자를 상처 입히는 일이 없도록 배려해야 한다.

이런 관계라야 환자는 외상 체험을 이야기할 수 있다. 환

자가 '안정감'을 유지하면서 자신의 페이스에 맞춰 체험에 관해 이야기를 털어놓는 행위가 치료의 중심이 된다. 치료자는 시간의 흐름에 따라 외상 사건이 어떤 식으로 일어났고 어떻게 됐는지 이야기를 듣는다. 환자는 체험에 압도돼 있기 때문에 사건의 기억을 잃고 '대체 무슨 일이 일어났는지'를 정확히 파악하지 못하는 일이 많다. 정확한 사실을 인식하는 것도 그 체험을 받아들이는 데 도움이 된다. "고통으로 가득 찬 체험에 제대로 대응하기 위해서는 그 체험에서 존재의 전체성으로 일반화하지 않고, 특정 시간에 특정 장소에서 일어난 어느 무서운 사건으로만 보는 것이 필요하다"(ヴァン デア コルク 1995). 이런 과정을 거쳐 ② '무서운 체험 매듭짓기'가 달성된다.

심적 외상 체험을 이야기하는 동안 환자는 그 사건을 마치 지금 체험하는 듯한 상태가 돼 그 자리에서 감정이 격앙될 수도 있다. 이것을 '제반응'除反応*이라고 한다. 외상 체험 후 비교적 이른 시기에는 제반응이 치료에 도움이 된다고 알려져 있다. 제반응을 촉진하기 위해 최면이나 마취 요법을 이용하

---

* 무의식 속에 억압돼 있는 마음의 상처나 콤플렉스를 말, 행위, 감정으로 발산해 치료하는 정신요법의 일종으로 정화법이라고도 한다.

3부 재난이 부른 마음의 상처를 돌보는 일

기도 한다. 또한 말로 표현이 어려울 때는 그림으로 감정을 표현하는 '회화 치료'나 '모래놀이 치료' 등 비언어적 표현 수단이 유효할 때도 있다.

이때 체험을 표현하도록 하는 일이 환자에게 괴로운 기억을 떠올리도록 강요하는 일이 아님을 주의해야 한다. 그들에게는 남이 알아줬으면 하는 마음도 있다. 안심할 수 있는 관계에서는 오히려 강요하지 않아도 환자가 스스로 외상 체험에 관해 말하고 싶어 하기도 한다. 만일 환자가 그다지 이야기하고 싶어 하지 않는다면, 치료가 안심할 수 있는 관계에서 이루어지고 있는지 검토해 봐야 할 것이다.

환자가 안심할 수 있는 관계로는 같은 체험을 한 사람들을 들 수 있는데, 이들끼리 모여 그룹 치료를 하는 게 효과적일 때가 있다. 같은 체험을 한 사람들 안에서 처음으로 자신의 감정을 털어놓는 사람도 있다. 이는 앞서 2부의 사별자 자조 모임에서 소개한 바와 같다.

환자가 이런 과정을 거쳐 자신의 인생에 외상 체험을 받아들이도록 돕기 위해서 치료자는 환자가 지나온 삶에 대해 알아야 한다. 그 사람이 그때까지 어떻게 살아왔는지, 어떤 갈등을 겪었는지, 외상 체험을 입고 어떤 점에서 약해졌는지 등을 나누는 일은 앞으로의 인생을 바로 세우는 데 중요하다.

③의 '생리적인 스트레스 반응을 통제'하는 방법에는 신경 안정제 등 약물 치료가 있다. 불안이 현기증·휘청거림과 같은 자율신경의 문제로 나타나는 '부정수소'에는 항불안제나 항우울제가 도움이 된다.

또한 "스포츠나 대자연 속에서의 모험과 같은 신체 운동, 마사지처럼 만족을 주는 신체적 체험, 예술 활동을 통한 성취 체험" 등 "성취감이나 쾌감을 주는 체험"(ヴァン デア コルク 1995)도 중요하다. 환자는 이런 체험으로 긴장을 풀면서 스트레스 반응을 낮출 수 있다. 또한 외상 체험의 영향을 받는 환자는 항상 부정적인 이미지를 떠올리기 때문에, 이를 완화하기 위해서도 적극적으로 긍정적인 체험을 하도록 할 필요가 있다.

마지막으로 ④의 '안정된 사회적 유대 관계와 대인 관계를 재구축'하는 일이다. 심적 외상을 입은 사람은 고립되기 쉽다. 여기에는 아무도 자기를 이해할 수 없다고 느끼는 경우나 자신의 외상 체험 때문에 마음속에서 괴로워하다가 바깥으로 관심을 돌릴 여력이 남아 있지 않은 경우 등 여러 가지 이유가 있다.

그만큼 심적 외상을 입기 전과 후, 회복하기 전과 후에는 사람과 교제하는 방식이 크게 달라지는 법이다. 두 번 다시 심적 외상을 입기 전의 자신으로는 돌아갈 수 없다. 심적 외상에서 회복하기 위해 환자 자신은 어쩔 수 없이 달라져야 한다. 달라진 자신과 타협한 뒤에야 비로소 사회로 복귀할 수 있다.

심적 외상에서 회복한 사람에게 나는 일종의 숭고함을 느낀다. 외상 체험으로 너무나 큰 것을 잃었고 그것을 되찾을 수는 없다. 하지만 상처를 뛰어넘어 성장해 가는 모습을 볼 때 나는 인간에 대한 감동과 경의를 새롭게 느낀다. 그렇게 회복을 향해 열심히 살아가는 사람들에게 경의를 표하고, 그들을 받아들이는 사회를 만드는 것이 마음 돌봄의 중요한 의의가 아닐까.

3

재난과 지역사회

대지진으로 사람들이 얻은 마음의 상처는 다양하다. 정신과 의사의 임무는 한 사람의 환자를 통해 그 다양한 상처들을 들여다보는 데 있다. 진찰실 안에서 대지진으로 나타난 문제는 PTSD나 우울 상태 등의 '질병'이다. 그러나 한편으로 대지진의 문제는 일개 정신과 의사가 진찰실 안에서 대처할 수 있는 차원을 훨씬 넘어선다. 그러므로 개인의 스트레스를 어떻게 돌볼지 고민하는 차원을 넘어서, 사회 전체의 스트레스를 사회적으로 대처하는 관점에서 마음의 상처를 생각해야 한다.

자원봉사자의 역할

심적 외상을 입은 사람은 고립되기 쉽다. 마음의 상처는 의식적·무의식적으로 커다란 갈등을 낳기 때문이다. 대인관계에는 에너지가 필요하다. 마음의 갈등으로 괴로워하는 사람에게는 그런 마음의 여유가 없다.

또한 심적 외상은 상처를 입은 사람만이 그 고통을 알 수 있다. 심적 외상이 있는 사람과 없는 사람 사이에는 결정적인 단절이 있다. 마음의 상처를 지닌 사람은 '이 기분은 누구도 알 수 없다'고 생각한다. 물론 모든 체험은 그 사람만의 고유한 체험이며 타인이 완전히 이해하기란 불가능하다. 하물며 외상 체험은 본인조차 자기 안에서 받아들이지 못하는 가혹한 체험이다. 당사자조차 이해할 수 없는 체험을 제삼자가 외부에서 이해하기란 더욱 어려운 일이다.

단적으로 말해, 당사자가 입은 마음의 상처는 제삼자에게는 '남의 일'이다. 한신·아와지 대지진으로 피해를 입은 사람도 오쿠시리 지진*과 후겐산 분화 재난에서는 제삼자였다. 당사자는 심적 외상의 고통뿐만 아니라 '남 일'로 바라보는 시선에 둘러싸여 고립의 고통을 겪는다. 한신·아와지 대지진과 같은 대규모 재난이라면 당사자인 이재민의 고립은 곧 일본 안에서 재난 지역 전체의 고립으로 이어질 것이다.

그렇다면 어떻게 당사자와 제삼자 사이의 간극을 메울 수

---

* 1993년 7월 12일, 일본 홋카이도 남서쪽 해역에서 발생한 지진. 진원지와 가까웠던 오쿠시리에 쓰나미와 화재가 발생해 200여 명의 사망자가 나왔다.

3부 재난이 부른 마음의 상처를 돌보는 일

있을까. 당사자의 고립을 어떻게 해소할까. 그 해답의 하나가 자원봉사자다.

자원봉사자는 당사자, 제삼자의 대립 구도 사이에 '당사자를 이해하려는 제삼자'라는 새로운 차원을 가져온다. 나카이 히사오 씨의 중요한 지적대로 자원봉사자의 역할은 존재하는 데 있다. 즉, 자원봉사자는 그 존재만으로도 가치가 있다. 구호하는 쪽도 구호 받는 쪽도 모두 상처 입은 사람들뿐인 재난 지역에 외부에서 온 상처 없는 사람이 함께함으로써 이재민은 치유되는 기분을 느낀다. 상처 입은 사람에게는 모든 사람이 멀어지는 것처럼 보인다. 그러므로 옆에 있어 주는 사람, 찾아와 주는 사람은 그것만으로도 아주 귀한 존재다. 대지진 직후에 다른 지역의 차량 번호판을 단 구급차나 구호물자를 실은 운송 차량을 보고 가슴이 뜨거워지는 경험을 한 주민이 많을 것이다. 아마도 그 모습을 보고 '버림받지 않았다'라는 안도감을 느꼈기 때문이리라.

'있어 주기'를 통한 치유에 대해서는 스위스 정신과 병동의 간호사였던 게르트루트 슈빙Gertrud Schwing의 저서 『정신질환자의 영혼으로 가는 방법』精神病者の魂への道(1966)에 인상적인 부분이 있다. 그녀는 자기 안에 갇혀 지내는 정신병 환자 옆에 조용히 머물면서 환자의 마음을 열었다.

한신·아와지 대지진에서는 '자원봉사 열풍'이 일어났다. 재난과 무관한 많은 제삼자가 당사자들 곁으로 다가갔다. 자원봉사자들이 없었다면 재난 지역은 일본 안에서 고립돼 버렸을 것이다. 자원봉사자는 재난 지역의 현실을 외부에 알리고, 주민들을 대변하는 역할도 해냈다. 자원봉사자가 재난 지역과 일본 사회를 이어 준 것이다.

내가 만난 대다수 자원봉사자는 나와 같은 정신과 의사들이었다. 재난 지역에는 한동안 많은 정신과 의사가 있었다. 자원봉사자들과의 교류는 내게는 신선한 경험이었다. 학회나 학연으로 연결된 인맥이 '수직적 관계'라고 한다면 자원봉사자들과의 교류는 '수평적 관계'였다. 대지진으로 인해 일상의 영역을 뛰어넘어 평소 만날 일이 없던 사람들이 만났다. 이 네트워크는 내게 재난이 남긴 귀중한 수확이었다.

마음의 상처를 치유하기 위해서는 '수평적 관계'가 대단히 중요하다. 그 전형적 사례가 제2부에서 소개한 사별자들의 자조 모임일 것이다. 고립되기 쉬운 당사자들에게 수평의 연대는 더할 나위 없이 소중하다.

이재민과 자원봉사자 사이에도 이런 수평적 관계를 만드는 것이 바람직하다. 그러나 실제로는 보살피는 사람과 보살핌을 받는 사람, 베푸는 사람과 받는 사람이라는 '수직적 관계'

의 간극을 메우기가 어렵고, 자원봉사자가 당사자의 마음을 온전히 이해하기란 불가능하다. 그래도 자원봉사자는 당사자에게 다가서며 수평적 관계에 가까워져 간다. 이 과정이 중요하다.

당사자에게 다가가는 것은 심리 치료 전문가의 중요한 업무 중 하나다. 치료자-환자의 관계는 치료하는 사람과 치료 받는 사람이라는 '수직적 관계'다. 하지만 환자에게 다가가 이해하고, 그들의 목소리를 대변해 사회에서 고립되지 않도록 힘쓰는 일은 '수평적 관계'를 의식한 노력이다. 이 수평적 관계를 소중히 여기는 자세가 환자의 심적 외상 치료에 필요하다. 자원봉사자건 심리 전문가건, 당사자에게 다가가는 일은 똑같이 중요하다. 심적 외상을 안고 있는 당사자에게는 이들과의 관계가 사회와 만나는 귀중한 접점이 되기 때문이다.

커뮤니티의 부활을 위해

지진 직후의 '허니문 단계'

나는 학창 시절부터 고베에 살기 시작한 지 어느덧 15년이 넘었다. 하지만 그저 살기만 했을 뿐 지역사회에 속해 있다는 느낌은 없었다. 난 이른바 고향을 잃어버린 사람이었다.

그런데 지진이 일어난 뒤 같은 아파트 주민이 우리 집에 찾아왔다. 구호물자를 나눠 주고, 근처에서 단체 배식이 있다며 아내를 부르기도 했다. 또 인근에 사는 친구는 욕실을 빌려 쓰러 친구 집에 가는 김에 우리 가족도 함께 가지 않겠느냐고 말해 줬다.

이런 모습은 한신·아와지 대지진에서만 나타난 현상은 아니다. 재난 후 살아남은 주민들은 일종의 공동체 감정을 느끼며 서로 힘을 보탰다. 이를 재난 심리학에서는 '허니문 현상' '허니문 단계'라고 한다. 그것은 책에서만 존재하는 지식이 아니었다. 생각지도 못한 친절과 배려를 몸소 느끼며 새삼 인간은 위대한 존재라고 생각했다. 당시의 기억은 무척 소중한 추억으로서 지금도 가슴속에 간직하고 있다.

한신·아와지 대지진 당시 재난 지역 대부분은 도시지역이었다. 보통 도시에서 주민들은 서로 간섭하지 않고 살아간다. 집 밖으로 한걸음 나서면 모르는 사람들뿐이고, 자신이 어떤 사람인지 알려질 일도 없으며, 이름을 댈 필요도 없다. 이런 환경에서 모르는 사람들이 서로 돕는 모습은 신기한 광경이었다. '허니문 현상'을 경험한 덕분에 나처럼 커뮤니티와 교류가 적었던 사람을 비롯해 재난 지역의 많은 주민이 '사람과 사람 사이의 유대'를 깊이 깨닫게 됐다. 지역에는 커뮤니티가 존재하고 자신은 어떤 형태로든 커뮤니티에 속해 있으며 그 커뮤니티가 재난으로 깊은 상처를 받았음을 깨달은 것이다.

도시의 커뮤니티

일본의 대도시는 땅값 폭등 때문에 오래된 시가지에 새롭게 들어가 살기가 대단히 어려워지고 있다. 새집을 찾는 사람은 도시 외곽의 베드타운으로 몰린다. 도시 중심부에는 예전부터 그곳에 사는 노인들이 많다. 노인은 매일 장을 보고, 찻집에 가고, 거리에서 이야기를 나누며 살아간다. 고베도 마찬가지였다.

이처럼 오래된 커뮤니티는 거리에서 만들어진다. 거리를 걸으며 생활하는 범위에 커뮤니티가 있다. 그런데 이번에 지진으로 무너진 곳은 대부분 오래된 동네였다. 피해를 입은 사람도 새로운 환경에 대한 적응 능력이 떨어지는 노인이 많았다. 지진으로 완전히 생활 기반을 잃어버린 노인들은 몹시 큰 상처를 받았다. 대지진 후 어려움에 부닥친 노인들을 보며 커뮤니티는 단순한 개념이 아니라 실체가 있는 무엇이라는 사실을 나는 절실히 깨달았다. 도시의 오래된 커뮤니티는 노인들이 유지해 온 것이다. 그들이야말로 커뮤니티를 통해 살아왔다고도 할 수 있다.

이처럼 커뮤니티는 우리의 '일상'을 책임진다. 그러나 한편으로 도시에 사는 사람들이 지역에 뿌리내리는 '생활'이 점차 어려워지고 있다. 도로를 넓히고 건물을 세우면 도시의 기능은 발전하지만 일상의 정취는 잃는다. 도시의 커뮤니티 문제는 도시에서의 일상에 관한 문제이기도 하다.

기반 시설이 끊기고 물, 가스, 전기 사용이 불편해졌을 때 우리는 '생활' 문제에 직면했다. 이것은 '회사 인간'인 남성들에게는 특히 귀중한 경험이었을 것이다. 아침부터 밤까지 같은 지역에 머무는 노인들과 달리 회사 인간들은 일상을 직접 느껴볼 기회가 부족하기 때문이다. 대지진을 계기로 일상에 대해 다시 생각하게 된 사람이 적지 않을 것이다.

한편, 임시 주택에서는 '일상'의 정취를 전혀 느낄 수 없다는 점은 2부에서 언급한 바와 같다. 재난의 극복을 위해서는 도시 기능을 복구하는 것뿐만 아니라, 일상의 회복도 생각해야 하지 않을까.

마이너리티 문제

커뮤니티는 지역에서 사람과 사람을 잇는 구체적인 연결 고리다. 하지만 커뮤니티가 상호 부조라는 아름다운 모습만 지닌 것은 아니다. 커뮤니티는 한편으로 소수자들을 배제하기도 한다. 이때 따돌림이나 차별 같은 잔혹한 일이 벌어지기도 한다. 예를 들어 대지진 후 '허니문 단계'에서조차 소외될 뻔한 사람들이 있다. 정신질환자·외국인·노숙자들은 대피소에서 냉대를 받았다.

과거 간토 대지진 직후, 조선인들이 혼란을 틈타 우물 안에 독을 퍼뜨렸다고 하는 유언비어가 나돌아 경찰과 일반 시민들에 의해 많은 조선인이 학살당했다. 그래서 한신·아와지 대지진 후 한국 언론에서 '이번엔 조선인 학살이 없었다'라는 취지로 보도를 하기도 했다.

한신·아와지 대지진으로 외국인은 173명이 사망했다. 국적으로 보면 한국·조선 111명, 중국·대만 44명, 미국 2명, 페루 1명, 브라질 8명, 필리핀 2명, 오스트레일리아 1명, 미얀마 3명, 알제리 1명(1996년 1월 12일, 효고현 경찰 발표) 등이다. 재난 지역에 다양한 외국인이 살고 있었음을 알 수 있다.

한국·조선인과 중국·대만인은 일본에 정주하는 외국인으로 그 역사가 길다. 이미 3대가 넘는 사람들도 적지 않다. 지금은 일본 사회와 독특한 방식으로 어우러지며 공존하고 있다. 말하자면 재일 한국인이나 조선인 또는 재일 화교의 경우 특정 지역에 모여 사는 것도 아니고, 그들만의 폐쇄적인 커뮤니티가 있는 것도 아니다. 이들은 일본어도 일본인과 똑같이 하고, 일본 문화에 대한 동화 정도도 높다. 그만큼 일본의 커뮤니티에 깊이 스며들어 있는 것이다.

재난 당시에는 조선인 학교가 대피소로 일본인에게 개방됐고, 재일본대한민국민단에서는 한국인·일본인 구별 없이 단체 배식을 했다고 한다. 고베 아사히 병원의 의사 김수량金守良 씨는 "일본인과 한국·조선인은 함께 죽었을 뿐만 아니라 함께 살아남았던 것이다"(『제3회 다문화간정신의학회 초록집』第三回多文化間精神医学会抄錄集)라고 말한다. 또한 화교 단체도 [고베 중화] 동문 학교同文学校(고베 중국인 학교)를 대피소로 개방하는 등 "지진 후 오히려 지역 주민과의 교류가 원활해졌다는 이야기가 곳곳에서 들렸다"(고베 쇼센 대학의 첸라이싱陳來幸 씨, 같은 책)고 한다.

이처럼 재일 외국인으로서 역사가 오래된 한국·조선, 중국·대만 사람들은 각자 자신의 민족 단체를 유지하면서도 일본의 커뮤니티와 원만하게 교류하며 재난을 극복했다.

대지진 전에도 특히 고베는 외국인이 살기 좋은 지역으로 알려진 곳이었다. 여기에는 항구도시라는 특성과 오사카, 교토와 가깝다는 점도 관련이 있을 것이다. 오사카는 경제활동의 중심이며 교토는 전통문화의 중심이다. 오사카나 교토에 비하면 고베는 주변 지역 특유의 한적함으로 인해 외국인을 받아들이기 쉬운 토양이 됐을 것이다.

그런 의미에서 한신 지역은 외국 문화뿐만 아니라 다양한 하위문화가 섞인 다층적인 커뮤니티였다. 다양한 서브컬처가 아무런 마찰 없이 존재했던 건 아니지만, 다양한 외국인들이 살고, 번화가와 고급 주택가, 오래된 집들이 늘어선 동네와 세련된 분위기의 동네가 섞여 있는 등 저마다의 모습이 공존했다. 이런 한신 지역 커뮤니티의 장점이 대지진으로 사라지지 않기를 바란다.

소수자 문제는 외국인 문제에 그치지 않는다. 신체·정신 질환자나 피차별 부락部落民*에 대한 차별 문제 등은 대지진이 일어나기 전부터 있었던 일이다. 고베에서는 현재 부흥 계획이 추진 중이다. 이처럼 커뮤니티에 커다란 변화가 있을 때 다수파의 논리가 활개를 치고, 소수자는 배제 혹은 동화라는 양자택일로 내몰리기 쉽다. 무조건적인 배제 혹은 동화가 아니라, 소수자가 자신의 정체성을 지키면서 지역 커뮤니티에 참여하는 방향을 모색하는 일이 중요하다.

우리는 커뮤니티 문제에 관해 새롭게 물어야 한다. 인간다

* 일본 에도 시대에 도축이나 가죽 가공 등에 종사하는 천민 계급이 거주했던 지역을 가리킨다. 신분제가 폐지된 오늘날에도 여전히 해당 지역과 출신자에 대한 차별적 인식이 남아 있어 문제가 되었다.

운 생활이란 단순히 집의 크기나 물질의 풍족함만 가리키지 않는다. 어떤 커뮤니티를 만들 것인가 또한 대단히 중요한 문제다.

부흥을 위해

지금 구체적인 부흥 계획이 정부를 중심으로 추진되면서 주민과의 의견 대립과 마찰이 발생하고 있다. 이때 정부가 주도하는 도시 계획을 일방적으로 밀어붙여서는 안 된다. 커뮤니티는 자연스럽게 자라나는 들풀과 같다. 보잘것없고 쓸모없는 것 안에 소중한 뭔가가 담겨 있다. 오로지 기능만 추구해 계획된 도시에서 과연 참된 행복을 느낄 수 있을까.

또한 임시 주택 문제를 해결하기까지는 여전히 시간이 걸릴 것이다. 현재 임시 주택들은 대부분 거주 지역에서 동떨어진, 지금까지 아무것도 없던 곳에 지어졌다. 이 문제를 곧바로 해결할 수 없다면 조금 더 사람 사는 곳답게 만드는 정책을 추진할 수 있지 않을까.

재난 지역의 커뮤니티 문제는 일본 전체의 문제이기도 하다. 일본 사회는 인간의 '강인함'과 '상처받지 않는 마음'을 당연시해 왔다. 또한 버블 경제 시기에는 물질과 자본만을 좇고 일말의 품격도 없는 풍조가 전국에 만연하며 마음의 문제에 대한 성찰 같은 건 이루어질 수 없었다. 하지만 한신·아와지 대지진을 통해, 인간이 만들어 낸 도시가 얼마나 위태로운지, 인간이란 얼마나 상처받기 쉬운 존재인지 우리는 깨달았다. 앞으로 일본 사회는 상처받기 쉬운 인간의 연약한 마음을 어떻게 받아들일 것인가. 상처 입은 사람이 마음을 치유할 수 있는 사회를 선택할 것인가, 아니면 그들을 외면하는 냉혹한 사회를 선택할 것인가.

자원봉사와 커뮤니티의 공통점은 사람과 사람 간 수평적 연결의 중요성에 있다. 하지만 지금 재난 지역은 '허니문 단계'를 끝내고 '환멸기'로 들어섰다. 즉, "이재민들의 인내가 한계에 이르러, 미뤄지는 지원과 정부의 실책에 대한 불만이 터져 나왔다. …… 이재민은 자신의 일상 회복과 개인적인 문제 해결에 쫓기다 보면, 지역에 대한 연대와 공감을 잃어버린다"(ロㄛ 1995). 우리는 이 '환멸기'를 극복하고 재건을 향해 나아가야 한다. 그것은 마음의 상처를 외면하고 견디며 전진하는 일이 아니다. 다수의 논리를 밀어붙이느라, 부흥의 물결에 여전히 동참하지 못한 '재난 당사자'들을 잊어버리는 일도 아니다.

세상은 심적 외상으로 가득 차 있다. 마음의 상처를 치유하는 일은 정신의학과 심리학에 모든 것을 맡긴다고 되지 않는다. 이는 마음의 상처를 치유하는 일은 사회 본연의 모습으로서, 오늘을 살아가는 우리 모두에게 던져진 질문이다.

4부

재난에서 부흥으로

대지진 4년차 고비

허무감과 희망

마음에 상처를 입은 사람은 '삶의 괴로움'을 느낀다. 남들이 자신을 이해하지 못한다는 마음, 사회와 어긋난 감각, 매사에 즐기지 못하는 기분이 든다.

회복을 위해서는 마음의 상처에 관해 이야기하는 작업이 중요하다. 하지만 안심할 수 있는 관계가 아니라면 마음의 상처를 털어놓을 수 없다. 그런 의미에서 사람과 사람의 관계를 키워 가는 '마음 돌봄'이 필요할 것이다.

지금까지 일본 사회에서는 마음의 상처를 감추는 것이 미덕으로 여겨졌다. 무사도나 엔카, 야쿠자 영화에는 마음의 상처를 남몰래 견디는 미학이 담겨 있다. 슬픔과 괴로움을 표현하면 경박하다고 여겨졌다. 하물며 상처 입은 사람에 대한 '마음 돌봄'은 생각할 수도 없는 일이었다. 그러나 한신 대지진이나 지하철 사린 가스 사건을 계기로 이 사회도 조금씩 변하고 있는지도 모른다.

이 책을 통해 재난과 심적 외상에 관한 이해가 조금이나마 깊어지기를 간곡히 소망한다.

현대 일본을 상징하는 고베

1997년 세밑, 고베 산노미야는 루미나리에 축제를 구경하러 몰려온 인파로 붐볐다. 이 행사는 대지진이 일어난 해에 열렸다. 수많은 조명이 빛의 터널처럼 거리를 장식했고, 구경을 나온 시민들이 그 속을 지나갔다.

과거에 얽매인 지금

지금 고베를 방문한 사람의 눈에 이 거리는 어떻게 비치고 있을까. 신고베역 주변에는 이제 대지진을 연상시키는 것이 전혀 없다. 진도 7을 기록한 지대였던 산노미야역 주변에는 아직 공터와 공사 현장이 남아 있지만, 버블 경제 시절의 건설 붐을 기억하는 사람이라면 그다지 놀라운 풍경은 아닐 것이다. 지자체나 대자본에 의해 외관상의 부흥은 일단락된 듯하다. 고베는 관광도시의 면모를 되찾고 있다. 이제 외지인이 대지진을 의식하는 일은 거의 없을 것이다.

하지만 주민들의 마음에는 탐탁지 않은 부분이 있다. 다들 당시의 참상을 잊지 않았다. 새로워진 시내의 거리를 봐도 문득 대지진 직후의 광경이 뇌리를 스친다. 깨끗해져서 다행이라는 마음보다, '이렇게 변해 버렸구나'라는 감회가 더 크다.

언뜻 멋지게 부흥에 성공한 것처럼 보여도 임시 주택이나 부서진 개인 주택이 아직 많이 남아 있고, 빚을 떠안은 사람이 많다는 사실을 모르는 사람은 없다. 이 '탐탁지 않은 부분'은 대체 무엇일까.

대지진의 영향이 잘 보이지 않게 된 건 물질적인 부분에 그치지 않는다. 사람들의 마음에 끼친 영향 역시 파악하기 어려워지고 있다. 내가 정신과 진찰실에서 환자들에게 듣는 이야기도 대지진 당시의 일이 아니라 '지금' 겪고 있는 일이다. 대지진의 타격이 일상생활의 스트레스 안에 녹아들어 버린 것이다. 물론 지금 겪는 어려움에는 대지진에서 시작된 것도 있다. 하지만 사람들이 직면하는 건 언제나 '과거에 얽매인 지금'이다.

괴로움이 깊어지는 사람들

임시 주택에 살고 있는 한 중년 남성 환자가 있다. 그는 임시 주택의 환경에 적응하려고 했지만 날이 갈수록 안색이 초췌해졌다. 오랫동안 주택가에 살았던 그에게는 임시 주택의 쓸쓸하고 적막한 생활이 무엇보다 괴로웠다. 게다가 사람들이 하나둘씩 그곳을 떠나면서 주위 환경은 더욱더 삭막해졌다.

그는 대지진 당시의 이야기를 거의 꺼내지 않았는데, 이는 대지진의 체험을 모두 소화했기 때문이 아니었다. 집이 무너졌을 때의 충격은 지금도 여전하다. 다만 지난 3년의 세월을 살아 내는 것이 더 힘들었을 뿐이다.

나는 과거에 얽매인 지금을 살아가는 사람들의 마음속에 허무감이 있음을 느낀다. 지진은 그들에게 소중한 사람과 물건을 무참하게 빼앗았다. 잃어버린 것은 두 번 다시 돌아오지 않는다. 일상의 재건에 좌절한 사람은 더욱더 삶의 괴로움이 깊어지고 있다.

인간은 운명 앞에 무력하고 사회는 불공평하며 삶의 모든 행위가 무의미하다는 허무감이, 개인이 겪은 재난의 정도와 상관없이, 조용히 재난 지역을 뒤덮고 있다. 겉으로는 부흥을 환영하면서도, 그게 다 무슨 소용이냐는 마음이 드는 까닭도 그런 허무감에서 비롯된 것이다. 어쩌면 고베 아동 연쇄살인 사건*의 소년도 이런 허무감을 공유하고 있었을지 모른다.

나는 이 허무감이 전후 체제의 붕괴를 맞이한 현재 일본 사회 전체에 조용히 퍼져 가고 있다는 생각을 지울 수 없다. 사회 지도층의 부정, 소년 범죄의 증가, 성매매 산업의 성행은 허

＊ 1997년 효고현 고베시에서 중학교 3학년 소년이 초등학생 3명을 죽이고 3명을 다치게 한 사건.

무감을 배경으로 한 절도節度의 상실에서 비롯된 게 아닐까. 대지진을 겪은 고베는 어떤 의미에서는 현대 일본을 앞서 나가고 상징하는 존재이기도 하다.

사람과의 연결이 허무감을 치유한다

허무감에 맞서 자포자기하지 않고 초조해 하지 않으며 제정신으로 살아가려면 엄청난 인내가 필요하다. 하지만 비관주의를 넘어섰을 때 비로소 손에 닿는 희망도 있다.

예를 들어 대지진 직후 이웃 간에 서로 도운 기억이 그렇다. 많은 자원봉사자와 구호팀이 재난 지역으로 달려왔다. 마치 꿈같은 불과 몇 달간의 일이었지만, 당시에 사람과 사람이 연결되는 소중함을 실감한 사람이 많았을 것이다. 그리고 지금도 꾸준히 자원봉사 활동을 이어 가는 사람들이 있다. 허무감을 치유하는 것은 역시 사람과의 연결이다. 이는 익숙하면서도 새삼스러운 발견이었다.

개개인을 존중하면서도 사람과의 연결을 소중히 여기는 사회의 자세가 지금이야말로 필요하다.

얼마 전 집 근처에 있는 상점 주인이 자살했다는 뉴스를 들었다. 내 친구의 친구였다. 대지진으로 가게와 집을 모두 잃고 빚을 떠안은 채 일하며 가게를 다시 열기 위해 애쓰던 중이었다고 한다. 그랬던 그가 엄혹한 현실 앞에 무릎을 꿇었다고 생각하니 무척 안타까웠다.

한편으로는 만일 이 사람이 정신과 의사인 내게 상담을 왔다면 내가 무엇을 할 수 있었을까 생각한다. 그의 마음은 상처 입고 괴로웠을 것이다. 하지만 고통을 '치료'나 '마음 돌봄'이라는 방법으로 과연 치유할 수 있을까. 다시금 대지진이 남긴 마음의 상처를 생각해 본다.

한신 대지진의 사망자는 6000명이 넘었다. 민가와 빌딩 등 수많은 건물이 무너지고 대형 화재도 발생했다. 너무나 처참한 광경에 전국적으로 모두가 가슴 아파했다. 사람들의 관심은 물적 피해뿐만 아니라 심리적 피해에도 쏠려 '마음 돌봄'이 필요하다는 목소리가 높아졌다. 그렇게 전화 상담 창구가 개설되고 대피소에서 순회 상담이 이루어졌다. 많은 전문가와 비전문가가 자원봉사자로서 마음 돌봄 활동에 힘을 보탰다.

그런데 이재민의 마음 돌봄 활동은 대지진 직후와 지금 그 내용이 다르다. 대지진 직후 마음 돌봄의 목적은 우선 갑작스러운 대재앙을 만난 주민들의 정신적 동요를 가라앉히는 일이었다. 당시 재난 지역에 있던 모든 주민은 불안과 긴장을 느꼈을 것이다. 거리는 황량해지고 많은 사람이 대피소에서 생활해야만 했다. 수도, 가스, 철도 모두 무용지물이었다. 그런 환경에서도 주민들 사이에 폭동이나 혼란이 발생하지 않았던 건 다양한 지원 활동의 성과일지도 모른다. 자원봉사자들의 단체 배식과 연예인의 위문, 예술가들의 활동도 사람들에게 힘을 보태는 마음 돌봄이었다고 생각한다.

그렇다면 지금의 마음 돌봄은 어떻게 생각하면 좋을까.

첫 번째로 심각한 마음의 상처를 입은 사람들을 돌봐야 한다. 죽을 뻔한 상황을 겪거나 가족을 잃거나 비참한 광경을 눈앞에서 목격하는 일과 같은 압도적 경험은 커다란 마음의 상처가 된다. 그 결과 PTSD에 이르는 사람도 있다. 과거 괴로웠던 경험 때문에 신경이 곤두서고 마음이 울적해지고 몸 상태가 망가져 사회생활에 지장이 생기는 상태를 말한다.

PTSD 환자에게는 신경안정제를 사용하고 심리 상담을 실시하는 등 전문적인 치료가 이루어진다. 치료에는 시간과 노력이 필요하다. 그러나 문제는, 치료로 증상이 개선되더라도 그 사람의 고통이 사라지는 것은 아니라는 점이다.

예를 들어 대지진으로 자녀를 잃은 한 여성은 1년 이상 우울한 상태였지만 지금은 씩씩하게 지낸다. 친구들도 그녀가 회복했다고 생각한다. 하지만 그녀는 잃어버린 아이와 같은 또래의 아이를 보거나 친구들과의 대화에서 아이가 화제에 오를 때면 과거에 느꼈던 괴로움이 되살아났다. 고통은 여전히 그녀의 가슴속에 소용돌이치고 있다. 다만 남들이 그 고통을 알아차리지 못할 뿐이다.

두 번째로 일상의 재건이 장벽에 부딪히는 문제가 있다. 몇 번의 이사, 임시 주택에서의 생활, 실업 등은 커다란 스트레스일 수밖에 없다. 특히 일본 전체를 뒤덮은 불황은 빚을 안고 재기하려는 사람들에게 가혹한 시련을 줬다. 앞에서 언급한 상점 주인도 그중 한 사람일 것이다.

트라우마의 회복과 일상의 재건을 가로막는 현실은 어느 쪽도 시간이 오래 걸리고 해결이 어려운 문제다. 고통은 화려한 부흥의 그늘 뒤에 숨어 개인의 삶을 무겁게 짓누른다. 이처럼 고통은 단순히 마음 돌봄의 기술만으로는 해소될 수 없다. 적어도 재난 지역에 사는 사람이라면, 아무리 부흥이 진행돼도 고통을 겪는 사람들의 존재를 결코 잊어서는 안 될 것이다. 전문가의 마음 돌봄을 넘어, 정책을 수립하는 차원부터 이웃을 향한 배려의 차원까지 다양한 단계에서 '마음 돌봄'을 고민하고 실현하는 작업이 필요하다.

재난 후 마음의 상처를 치유하는 일

마음의 상처는 개인적인 문제

'외상 후 스트레스 장애'PTSD라는 용어는 한신·아와지 대지진을 계기로 한순간에 널리 퍼졌다. 그만큼 지진이 대참사였음을 뜻하는 것이리라. 수십만 명에 달하는 사람들에게 벌어진 비참한 상황에 사회 전체가 충격을 받았고, 물적 피해뿐만 아니라 심적 외상에 대한 관심도 높아졌다.

물론 지진 재난 외에도 심적 외상은 일상에서 얼마든지 있다. 다만 이 대지진은 사람들의 개인적인 부분과 관련된 심적 외상에 대해 예전보다 사회가 분명히 자각하게 만들었다. 지진 후 곧바로 지하철 사린 가스 사건이 일어난 것에 더해, 사회문제가 된 교통사고나 스토킹 피해, 가정 내 학대, 범죄 피해도 외상 경험의 관점에서 인식되기 시작했다. 재난을 계기로 사회에서 외상 체험을 의식하는 분위기가 만들어졌다고도 할 수 있겠다. 어떤 의미에서는 '마음의 상처' 문제가 이 시대를 상징하고 있는 듯하다.

개인차가 있기는 해도, 한신·아와지 대지진에서는 수많은 사람이 동시에 재난을 경험했다는 공통점이 있다. 그래서 이웃이 서로의 고통에 관심을 보이게 된 것도 이번 대지진의 특징이며, 이후에도 재난을 입은 주민들의 마음 문제를 이야기할 때 중요한 참고가 됐다.

일반적으로 마음의 상처는 직접 겪은 사람들끼리만 공유할 수 있다. 그래서 주위 사람들은 안타까워하다가도 한동안 시간이 지나면 잊어버리고 결국 당사자만 남겨져 각자의 고통에서 벗어나지 못하곤 한다.

소설가 무라카미 하루키 씨는 『언더그라운드』라는 작품에서 지하철 사린 가스 사건을 다뤘다. 그는 다양한 인터뷰를 통해 동일한 체험을 한 피해자들이라 해도 개인이 상처를 입는 방식은 저마다 달랐음을 훌륭하게 보여 주었다.

스트레스 호르몬의 분비

PTSD 증상에 관해 개략적으로 설명해 보면 이렇다.

우선 인간은 커다란 충격을 받으면 거기에 대처하기 위해 경계 태세에 들어간다. 몸에서 스트레스 호르몬이 분비되고, 무슨 일이 일어났을 때 자세를 갖추고 대처할 수 있는 상태로 변한다.

그 후 위험이 지나가면 안심한 뒤 마음을 가라앉히고 원래 상태로 돌아가는데, 다만 충격이 지나치게 크면 경계 상태가 지속된다. 즉, 스트레스 호르몬이 계속 나오는 상태가 되는 것이다. 신체적으로도 상당히 긴장해 마음이 초조해지고 매사에 예민한 상태가 이어진다. 정도에 따라서는 참고 생활하는 사람도 있다. 그러나 현실에서는 충격의 원인이 이미 사라졌는데도 항상 스트레스를 받는 상태 — 예를 들어 맥박이 급격하게 빨라지거나 두근거림이 멈추지 않고, 재난을 떠올리게 하는 헬리콥터나 사이렌 소리에 조건반사처럼 과민 반응을 보이는 증상 — 가 나타나는 사람도 있다.

이런 상황이 1개월 이상 지속되면 PTSD로 진단을 받는다. 병원의 치료는 이런 과민 상태를 가라앉히는 역할을 한다. 이를 위해 약물 치료도 시도하지만, 반드시 정해져 있지는 않다. 스트레스 호르몬이 계속 나오는 이유에 대해서는 여러 설이 있지만, 대체로 경험할 당시의 기억이 생생하게 뇌리에 새겨져 스트레스 호르몬을 내보내게끔 반복해서 작용한다고 알려져 있다.

PTSD의 큰 특징은 외상 사건에 관한 기억이 여러 형태로 의식에 침투해 온다는 것이다. 이는 악몽으로 나타나기도 하고 갑자기 플래시백 상태로 돌아가게 하기도 한다.

예를 들어 지진 당시에 천장이 무너지는 공포를 경험했다고 가정해 보자. 천장이 무너지는 장면을 떠올리지 않고도, 가령 돌에 걸려 넘어지는 상황에서도 당시에 느낀 공포감이 되살아날 때가 있다. 그때는 구체적인 영상이 떠오르는 건 아니기 때문에 환자 본인은 그것이 대지진 당시의 외상 기억임을 알지 못한다. 오직 단편적이고 부분적인 기억으로만 돌아오기 때문이다.

플래시백은 통상 시각적 이미지로 경험하는 사례가 많다고 하는데, 한신 대지진의 플래시백은 본인이 알지 못하는 인상이나 감정의 형태로 돌아오는 사례도 많았다. 이는 지진 당시에 많은 사람이 취침 중이었던 점과도 관계가 있을 것이다. 또 다른 심각한 문제가 있다. 환자는 외상 체험이 마음에 침투해 스트레스가 높아질까 두려워 항상 경계하기 때문에 되도록 자극을 피하려고 한다. 이를 회피 행동이라고 한다. 이들은 체험이 떠오를 만한 장소에 가지 않거나, 지진 이야기를 할 법한 사람과 만나지 않거나, 지진 자체를 떠올리지 않으려 한다. 그리고 기분을 달래기 위해 술을 마시거나 집에 틀어박혀 지낸다. 심각한 문제는 이런 회피 행동이 그 사람의 인생에서 선택의 폭을 좁혀 버린다는 점이다.

예를 들면, 대지진으로 아이를 잃은 뒤 등하교 시간에 나는 아이들의 목소리가 듣기 싫다며 바깥에 나가지 않게 된 어머니가 있다. 그녀는 학부모회 관계자들을 만날 것 같은 시간에도 외출을 하지 않는다. 떠나보낸 아이와 관련된 일을 되도록 피하고 스스로 갇혀 지낸다. 자신의 인생을 다양한 가능성으로부터 멀어지게 하는 것이다.

마음 치료는 치유가 아니다?

PTSD를 정신과 질환으로만 다루는 것에 나는 상당한 이견이 있다. 재난을 겪는 것 자체는 누구에게나 있을 수 있는 일이다. 당장 오늘 집으로 돌아가는 길에 교통사고를 당할지도 모른다. 이런 재난을 겪은 사람들은 지금까지 많이 있었지만, 그 사람들을 모두 '치료'의 관점이나 '정신질환'으로만 묶어서 바라보는 태도에는 논의가 필요하다고 본다.

재난을 당한 사람들은 그 사실만으로도 타격을 입었는데, 남들이 그들을 정신질환자로 보기까지 한다면 이중의 핸디캡을 지게 되는 격이다. 그리고 보통 정신적 타격을 입은 사람은 어려움을 겪으면서도 도움을 받지 못한 채 견디고 있을 때가 많다. 그런 상태로 일상생활을 이어 가는 동안 이상행동, 문제 행동이 계속된다. 술을 지나치게 많이 마시거나 컨디션이 계속 악화되거나, 심해지면 우울증에 빠져 자살을 떠올리기도 한다. 그러다 결국 본인과 주위 사람이 감당할 수 없는 상태가 돼서야 병원을 찾아와 우울증, 신경증, 심인반응* 치료를 받는다. 즉, 지금까지는 충격을 받은 뒤의 영향이 병적인 형태로 나타나 본인 스스로 찾아오거나 주위 사람이 데려오는 상황에서만 환자를 진찰했던 것이다. 하지만 대지진을 계기로, 실제로 병원에 오지 않거나 올 수 없었던 사람 중에도 심신이 악화되어 치유가 필요한 사람이 많다는 사실을 새롭게 인식할 수 있었다.

다양한 증상이 일상생활에 지장을 가져온 뒤에야 비로소 병으로 인정되고, 크게 악화하지 않으면 인정되지 않는다. 나는 이런 현실이 큰 문제라고 생각한다.

여기에서 '치료'와 '치유'가 같은 의미인가, 이는 생각해 봐야 할 문제다. 정신과 의사나 임상심리사와 같은 전문가는 분명 치료는 한다. 그런데 그 치료 행위가 즉각 '치유'로 이어지는지는 딱 잘라 그렇다고 말하기 어렵다. 예를 들면 약이나 간단한 카운슬링으로도 환자는 치유됐다는 '느낌'이 들 테지만 진정으로 치유됐는지는 또 다른 문제다. 치료는 일시적인 기술이지만, 마음의 상처를 치유하는 일은 기술이 아니다. 심

---

* 심리적 원인으로 신체적·정신적 기능에 문제가 나타난 상태로서 주로 망상이나 히스테리 같은 증상으로 드러난다.

적 외상을 자기 나름대로 이해하고 극복하는 문제는 그 사람이 앞으로 어떻게 살아갈지에 관한, 말하자면 인생이 걸린 문제다. 치료와 치유는 차원이 다른 문제인 것이다.

PTSD의 좁은 진단 기준

현재 PTSD의 진단 기준은 상당히 제한적이다. 우선 원인이 되는 기준은 본인이 죽음의 공포를 느꼈을 정도의 무서운 경험 ― 전쟁, 살인, 강간, 재난 등 ― 을 했거나 주위에서 누군가가 죽는 것을 목격한 상황에 한정돼 있다. 하지만 학교에서 줄곧 괴롭힘을 당한 아이도 만성적인 외상으로 PTSD와 완전히 똑같은 상태가 되기도 한다. 즉, 진단 기준으로는 PTSD에 해당하지 않아도 관점을 넓히면 해당하는 사람이 많다. 마음에 상처를 입는 데에는 개인차도 작용한다. 가해자가 분명한 교통사고의 경우에 PTSD에 해당할 수도 있고, 누군가와 말다툼만으로 PTSD가 생겼다고 주장할 수도 있는 것이다. 따라서 PTSD의 원인을 어디까지 인정할지 적절한 범위를 정해야 하는데, 이는 특히 사회보장 문제와도 연관되기 때문에 무척 좁게 정의하게 된다.

여기에는 물론 본인의 나약함이 지적되기도 한다. 큰 충격에 대해서는 누구든 PTSD가 인정되지만, 마음이 약한 사람에게는 작은 충격도 PTSD가 될 수 있다. 판단이 무척 까다로운 문제인 것이다.

또한 PTSD에서 회복됐음을 어떻게 증명할 수 있는지도 어려운 문제인데, 우선 중요한 건 사람들이 함께 살아가는 사회에 복귀하는 일이다. 심적 외상을 입은 사람은 어떤 의미에서는 주위와의 연결 고리가 끊어졌으므로, 자신이 속한 사회에 다시 결속을 느끼는 것이 '최우선' 목표라고 할 수 있다.

하지만 PTSD가 대체 어느 정도로 중대한 질병인지, 그리고 그 치료의 효과가 어느 정도인지는 수치로 나타내기도 힘들고, 개인 신상과도 연관돼 있어 조사로도 좀처럼 실태를 파악하기가 어렵다.

사회적 이유로 상처가 깊어지다

대지진으로부터 3년이 지난 지금, 일상을 회복한 사람은 정신적으로도 안정돼 있다. 그러나 빚을 지거나 임시 주택에 남겨진 상태로 지내는 사람은 여전히 증상이 남아 있다.

자영업자들은 특히 더 힘들다. 열심히 꾸려 온 자신의 가게를 잃어버린 상실감은 무척 크다. 게다가 가게를 재정비하지 못하고 점점 빚이 늘고 있는 사람도 많다. 이런 심리사회적 스트레스는 지진 직후와는 그 내용이 상당히 달라졌다. 지진 당시 가족이 무사했어도 새로운 주거지로 옮기거나 여유가 사라진 부모가 육아를 감당할 수 없게 되는 등 여러 이유로 가정 내 스트레스가 증가했다. 실업, 이직 등 생활의 변화와 새로운 환경에 대한 부적응 또한 마음의 상처가 된다. 요컨대 인간을 안정시키는 자원, 예를 들면 가족, 친구, 사회, 지역사회와 같은 요소를 몇 가지나 잃어버린 것이다. 지진 후 이런 원인으로 신경증에 걸린 사람이 많다.

실제로 대지진 직후에 줄줄이 환자가 병원을 찾아온 것은 아니다. 오히려 시간이 지나고 나서야 조금씩 늘었다. 또 병원에 오지는 않지만 PTSD와 유사한 증상을 안고 살아가는 사람들도 당연히 많아졌다. 사회 전체적으로 수치를 계산할 수는 없지만, 전반적으로 사람들이 다소 거칠고 까칠해진 느낌이 있다.

앞으로 고비에 범죄가 늘어나지 않을까 우려스럽다. 마음이 꽁꽁 얼어붙은 사람들이 늘어나면서 전체적으로 '좋은 자원'이 줄어드는 상황이 될 것으로 보이기 때문이다. 이런 문제를 개인의 병이라기보다 사회적 문제로서 보는 시각도 중요하다.

희망으로 향하는 건 결국 각자의 의지

치료와 치유의 문제로 다시 돌아오면, 바깥에 나가지 못하거나 긴장이 풀리지 않는 증상은 치료를 통해 어느 정도 완화할 수 있다. 다만 치료로 본인의 마음이 편안해질지는 또 다른 이야기다. 왜냐하면 어떤 사람들은 죄책감을 안고 있어 증상의 완화 자체를 '죄악'이라고 느끼기 때문이다. 그들은 자신이 고통스러워야 한다고 여긴다. 예를 들어 아이를 잃은 어머니는 자신이 즐거움을 느끼면 안 된다고 생각한다.

결국 치료로 할 수 있는 일은, 그 사람이 치유의 방향으로 자신을 이끌어 갈지, 혹은 '치유되지 않아도 좋다'라고 마음을 굳힐지를 스스로 생각하는 부분까지다. 치료는 그런 마음이 싹틀 만한 '여유'를 만들어 주는 것일 뿐, 자신은 치유돼선 안 된다고 생각하는 사람이 약물이나 약간의 상담 치료 정도로 편안해질 리 없다. 그래서 나는 심적 외상 치료를 '치유'라 말하는 건 왠지 대단히 오만하다는 느낌이 든다.

치유가 필요한 사람에게는 본인이 긍정적인 의지를 갖기 위한 노력이 중요하다. 한신·아와지 대지진에서는 자원봉사자 등 여러 지원이 있었지만, 이재민들이 여기에만 기대지 않고 자신의 힘으로 재건했다 생각이 들 수 있도록 지원하는 것이 중요하다. 물론 지원 없이 극복하기란 좀처럼 쉽지 않다. 다만 이재민에게는 수동적 자세에 그치지 않고 그 자리에서 행동하는 본인의 '의지'가 중요하다.

그러나 정신의학이나 심리학에서는 이 의지에 관해 잘 다루지 않는다. 모든 것을 '원인과 결과'로 생각해, 사람의 의지에 관한 부분까지 고려하기가 어렵다. 결국 앞으로도 이재민이 '희망을 잃지 않는 의지'를 갖고 정신적 허무함에 빠지지 않도록 돕는 활동이 필요하다.

후기

악몽 같던 대지진으로부터 며칠 뒤, 『산케이 신문』 문화부(오사카 지역) 기자 가와무라 나오야 씨가 안부 전화를 걸어왔다. 그와는 예전에 신문 칼럼을 쓴 인연으로 친분이 있었다.

"별일 없습니까? 가족분들은 괜찮아요? 고생 많으시겠어요. 필요한 물건은 없으세요?"

"저희 가족은 모두 무사해요. 불편하기는 해도 그럭저럭 지내고 있어요. 솔직히 혼란스러워서 뭐가 어떻게 된 건지 아직 정리가 안 됐어요."

이런 대화를 주고받은 뒤 이틀이 지났을 때 다시 그에게 전화가 걸려 왔다.

"재난 지역의 상황을 글로 써주셨으면 해요. 지금 나오는 보도는 전부 외부에서 취재한 거잖아요. 정신과 의사로서 재난 지역 내부에서 본 것들을 써 주셨으면 합니다."

나는 고민했다. PTSD 상태로 머릿속이 혼란스러운데 글이 써질 것 같지 않았다. 그와 동시에 재난 지역의 상황을 글로 쓴다는 것이 몹시 경솔하게 느껴졌다. 나는 재난 상황에서 의사로서 전력을 다해야 한다고 생각했다. 이런 비상사태에 글을 쓰는 행위에 시간을 들이는 것이 마치 현장을 방치하는 것처럼 느껴졌다. 지금은 글이나 쓸 상황이 아니라고 생각했다. 아마 많은 이재민과 마찬가지로 나도 감정이 격앙된 상태였을 것이다.

나는 일단 거절했지만, 고민 끝에 결국 받아들이기로 했다. 이 '이상한 경험'을 글로 남겨 두고 싶다는 마음 때문이었다. 게다가 언론이 재난을 보도하는 방식에 위화감을 느끼고 있었다. 가와무라 씨가 말하는 것처럼 '재난 지역 내부에서' 누군가가 쓸 필요가 있다는 생각이 들었다. 하지만 글쓰기는 괴로웠다. 다양한 광경이 머릿속을 스쳐서 컴퓨터 화면을 띄워 놓고 멍하니 있기가 예사였다.

나중에 이재민의 마음 돌봄이 커다란 주목을 받으며 내게도 많은 취재 요청이 들어왔지만, 초기 단계에는 물질적인 피해만 보도되고 마음 문제는 관심을 받지 못했다. 가장 먼저 그 중요성에 주목한 건 바로 가와무라 씨의 탁월한 식견이었다.

「재난 지역의 진료 기록부」라는 제목으로 1995년 1월 30일(월요일)부터 연재가 시작됐다. 첫 8회분은 그해 3월에 출간된 『1995년 1월 고베: 한신 대지진 속 정신과 의사들』(中井久夫 1995)에 수록됐다.

언제까지 이어질지 알 수 없는 상태로 시작한 연재는 도중에 중단되기도 했지만, 1996년 1월 20일, 31회까지 이어졌다. 의사로서의 본업이 너무 바쁜 탓에 글을 쓸 시간은 늦은 밤뿐이었다. 그야말로 체력의 한계를 느꼈다.

이 책의 1·2부는 당시의 연재를 토대로 전면적으로 수정한 것이다. 3부는 새롭게 썼다. 또한 이 책에 등장하는 이재민들은 사생활 보호를 위해 사실관계를 바꿨다.

나는 이 책에서 한신·아와지 대지진으로 사람들이 입은 마음의 상처에 대해 썼다. 이 터무니없이 거대하고 복잡한 재난은 분명 역사에 남을 특별한 사건이고, 또한 재난에서 마음 돌봄 문제가 이 정도로 주목을 받았다는 점에서도 최초의 사례가 될 것이다. 사람들이 입은 마음의 상처는 헤아릴 수 없다. 여전히 많은 사람이 고통 속에 있다. 지금도 환자를 진찰하다가 뜻밖의 부분에서 대지진의 영향을 깨닫고 깜짝 놀랄 때가 있다.

그러나 마음을 다치는 일은 일상적으로 우리 주변에 널려 있다. 대지진으로 인해 우리는 심적 외상의 중요성을 새삼 깨달았다. 재난 체험은 우리에게 '마음의 상처와 치유'라는 보편적인 문제를 들여다보게 했다. 공교롭게도 대지진은 전후 50년이 되는 해에 일어났다. 폐허가 된 고베의 거리는 종전 직후의 풍경을 방불케 했다. 번영을 이룬 전후 일본 사회가 등한시했던 마음의 문제를 고베의 불탄 거리가 되묻고 있는 기분이든다.

나카이 히사오 씨는 "있어 주기"가 자원봉사자의 첫 번째의의라고 말했다. 또한 운젠후겐산 분화 재난에서 정신보건활동을 실천한 아라키 겐이치 씨는 "마음의 상처를 치유하는것은 사람과 사람의 유대"라고 매번 이야기한다. 뒤집어 말하면, 사람과 사람 간 연결의 중요성은 마음의 상처를 체험하고나서야 비로소 실감할 수 있는지도 모른다. 재난을 체험하기전에 내가 이 말을 들었다면 분명 기억에 남지 않았을 것이다.

우리 활동도 많은 사람의 도움을 받으며 사람과 사람의 연결로 유지되었다. 특히 대피소에서 함께 활동한 고베시 니시시민 병원 간호사들, 자원봉사로 와준 규슈 대학, 구루메 대학, 나가사키 대학, 데이쿄 대학, 교토 대학, 게이오 대학, 나고야대학, 도쿄 대학, 아오키 병원의 의사들, 미나토가와 중학교를비롯한 대피소의 선생님들, 고베 대학 의학부 부속병원 정신과의 동료들, 그리고 내 스승인 나카이 히사오 선생님과 야마구치 나오히코 선생님께 진심으로 감사드린다. 나카이 선생님은 분에 넘치는 서문을 써주셨다. 그 역시 이 책의 출간 전후로『어제의 일처럼: 재앙의 해의 기록』昨日のごとく：災厄の年の記録

(みすず書房)을 출간할 예정이다.

연재 기간 변함없이 지원을 해준 산케이 신문의 가와무라 나오야 씨, 연재에 실었던 사진을 이 책의 속표지에도 쓸 수 있게 해 주신 가나이 가쓰 씨(그도 이재민이다), 표지 사진을 쓸 수 있게 허락해 주신 오쿠노 야스히코 씨, 멋진 장정을 디자인해 준 이세 고지 씨, 그리고 이 책의 출간에 애써 주신 사쿠힌샤의 우치다 마사토 씨에게 다시 한번 감사드린다.

마지막으로, 지금도 재난이 남긴 상처에 괴로워하는 분들의 마음에 평안함이 깃들기를 기도한다.

1996년 3월 11일

안 가쓰마사

책에 부치는 글

안 가쓰마사 선생을 애도하며

나카이 히사오

※ 이 글은 나카이 히사오가 2000년 12월 4일, 안
가쓰마사의 영결식에서 장례 위원장으로서 읽은 추도사다.

안 가쓰마사 선생은 2000년 12월 2일, 마흔 살을 나흘 앞두고 짧은 생을 마감했습니다. 지금 이 자리에는 사무치는 애통함을 같이하는 사람들이 모였습니다. 부족한 제가 장례 위원장으로서 여러분과 함께 애석함과 추모의 뜻을 먼저 유족들께 전합니다.

안 군이라고 부르겠네.

자네는 분명 지금 눈을 감고 싶지 않았을 테지. 간절하게 살고 싶었을 거야. 자네가 하던 일은 이제 결실을 맺고 있었으니까 말일세. 이미 자네는 자네다운 성과를 올렸지만, 그건 화려한 봄을 예고하는 서곡에 불과했지. 마침 정신의학은 지난 20년의 경직 상태에서 벗어나 새로운 진보와 통합을 시작한 참이지 않은가. 자네는 그 앞날을 내다봤지. 하지만 그걸 보지 못하고 이렇게 떠나는군.

게다가 자네는 변화에 발맞춰 새로운 일터에서 가벼운 발걸음으로 일을 시작했네. 새 동료들은 자네를 진심으로 반기고, 자네의 의학을 잘 이해하는 사람들이었어. 자네와 일한 시간은 짧지만, 벌써 몇 년이나 함께 일한 것 같다고 하더군. 하

안 가쓰마사 선생을 애도하며

지만 자네는 그 사람들에게 충분한 임상 시간을 줄 새도 없이 이렇게 떠나는군.

환자들은 자네를 믿고, 자네의 말을 목숨처럼 여겼지. 실제로 많은 환자가 자네를 가리켜 처음으로 진정한 의사를 만났다고 했네. 누구보다 자네의 죽음을 안타까워하고 슬퍼하는 사람은 분명 그들일 테지.

정신과 의사에게 참된 영광은 본래 책이나 직함에 있지 않네. 그 참된 영광의 묘비명은 환자와 함께 보낸 시간 속에 있는 법이지. 시간은 그저 흘러갈지도 모르지만, 어쩌면 바위보다 단단하고 영원할 수도 있어. 자네의 묘비명은 분명 더없이 훌륭할 걸세.

자네는 일찍이 정신의학에 사로잡혔지. 정신의학을 처음 만났을 때, 마치 물 만난 고기 같았다고 했어. 자네가 학생 시절 내 강의를 듣고 정리한 그 유명한 '안 가쓰마사 노트'는 다음 학년, 그다음 학년으로 대물림되었지. 고베 대학 정신과도 머지않아 자네를 정신의학계에 떠오르는 신성으로 인정했네. 자네의 주위 사람들과 자네를 존경하는 사람들 모두가 자네의 인품을 사랑했지. 또한 자네는 젊은 나이에도 국내외에 친구가 많았어. 나는 머나먼 이국땅에서 자네의 안부를 묻는 사람을 만나기도 했다네. 고베 대학 정신과는 자네의 이름에 신세를 많이 졌어.

1995년 1월 한신·아와지 대지진에서 자네는 재빠르게 구호 활동에 뛰어들고 네트워크를 만든 사람 중 한 명이었지. 그 활동은 이 나라의 정신의학에 새로운 영향을 끼쳤어. 자네가 마음의 상처에 관해 전부터 연구하고 임상 경험을 쌓아 온 덕분이지. 그뿐만 아니라 자네의 저서 『마음의 상처를 치유하는 일』에는 자네의 임상 철학과 다정한 성품이 고스란히 나타나 있었지. 1996년 산토리학예상 수상은 앞으로의 시작을 알리는 첫 발걸음이었어.

나는 서문을 써달라는 자네의 부탁을 받고 "안 가쓰마사는 멋진 청년이자, 뛰어난 정신과 의사이며, 동시에 그 이상의 존재"라고 적었다네. 자네는 멋지고 뛰어난 전문가였지만, 그 이상의 존재가 분명했어.

자네와 빈, 부다페스트를 함께 여행했던 일이 그립군. 때는 1992년 초여름이었지. 그 여행에는 묘한 매력이 있었어. 부인을 향한 자네의 세심한 애정과 배려도 느껴졌지.

평소 자네가 가족과 보낼 소중한 시간을 뺏은 사람은 나였어. 자네는 의국을 통솔하는 의국장으로서 내 인사 철학을 알고 있었으니, 한 사람 한 사람에게 되도록 기회를 주고 희망을 이뤄 주고자 혼신의 힘을 다했지. 그것은 분명 자네가 내 생각

안 가쓰마사 선생을 애도하며

과 공감하는 부분이 있었기 때문일 거야. 하지만 자네의 어깨를 몹시 무겁게 만든 것은 내 잘못이네. 그리고 자네의 책 서문에서 "그의 젊음과 차분한 결단력에 경의와 선망을 보낸다"라고 끝맺음을 했던 내가, 그 후 5년도 되지 않아 노쇠한 몸으로 이렇게 자네를 떠나보내는 글을 쓰게 될 줄은 몰랐네. 내가 공자는 아니지만, 하늘이 나를 버리셨다고 말하지 않고 달리 뭐라 하겠나.*

자네는 간절하게 살고 싶었을 거야. 아니, 억지로라도 살려고 했지. 내게 쓴 편지에서 자네는 "자연 치유 확률이 500분의 1이라고 하는데, 그래도 의사에게 들은 것보다 희망적인 숫자입니다"라고 했지. 자네는 그 500분의 1에 희망을 걸었어.

그저 더 살기 위함은 아니었지. 두 달 전까지 자네는 일본에서 가장 까다로운 환자를 돌보고 있었어. 무서울 정도의 정신력과 임상에 대한 투혼이었네. 나는 끝까지 자네의 그 열정은 따라가지 못할 걸세. 자네는 그저 살아가는 것을 넘어 의사로서 계속 전진하려는 의지를 보여 줬네.

11월 중순에 자네가 보낸 편지에는 "6개월의 투병 생활로 조금 지쳤습니다"라고 쓰여 있었지. 당시 자네의 배에 찬 복수는

---

* 『논어』에서 공자는 자신의 제자 안회의 죽음을 비통해 하며 "하늘이 나를 버리셨다!"天喪予라고 말했다.

이미 6리터에 이를 정도였어. 20일에 2리터를 빼내고 자네는 좋아하는 김초밥을 어머니에게 만들어 달라고 부탁해 놀라울 정도로 많이 먹었지. "내일은 못 먹을 수도 있으니까요"라면서.

22일, 내가 다나카 히로시 군과 함께 자네를 만났을 때도 자네에게는 여전히 삶의 의지가 있었어. "태어날 아이의 이름을 생각하고 있었어요"라고 했지. 의식이 또렷했어. 오히려 며칠 내내 예민해져서 힘들다고도 했어.

전문가는 한 달 정도 의식불명 상태가 올 거라 예상했지. 내가 마지막 이별이라고 생각하지 않았던 까닭은 그 때문이었네. 자네의 두뇌는 혼수상태가 얼씬도 못 하게 했거든. 그래서 자네의 딸 아키미는 비록 이틀이긴 하지만, 자네와 이 세상의 시간을 함께할 수 있었지. 이 얼마나 소중한 아버지의 선물인지.

자네가 죽음을 향해 갈 때, 나는 평소와 다르게 새벽 2시 반까지 깨어 있었다네. 5시가 지나고 힘이 빠져 죽은 듯이 깊이 잠들었지. 한 시간 뒤 다나카 히로시 군이 전화를 걸어 소식을 알려 왔네.

병원에 달려가 자네의 어머님을 안아 드렸어. 어머님은 눈물을 훔치시고는 나를 보자마자 "잘 떠났습니다"라고 말씀하셨지. "그렇게 늠름한 마지막은 본 적이 없어요"라고 말일세.

의식불명에 빠진 이틀 동안 자네는 온몸에 힘을 모아 버텼

안 가쓰마사 선생을 애도하며

어. 혈압은 170에 달했을 정도라더군. 그리고 뭔가를 말한 뒤 "가요, 가요, 가요, 가요"라고 몇십 번을 되뇌고 의연히 다시는 돌아오지 못할 블랙홀 속으로 걸어갔네. 자네는 세상과 멋지 게 작별했어. 자네가 즐겨 하던 말처럼 '원더풀'이었지. 하지 만 자네의 인생은 그보다 더 원더풀이었네.

자네는 가을의 마지막 자취와 함께 떠났군. 자네가 환생한 것처럼 태어난 아이에게, 가을의 아름다움을 노래하는 아키미 秋実라는 이름을 남기고 말일세.

반도의 친애하는 시인은 내게 말해 줬어. 이 열도의 문화 는 모호한 봄과 같고, 저 반도의 문화는 그야말로 사물의 윤곽 전체가 또렷해지는 늠름한 가을과 같다고 말이야. 그곳의 가 을 하늘은 말갛고 새파랗게 투명하다더군. 자네는 이 열도의 화창한 봄 분위기 속에, 저 반도의 늠름한 가을 정기를 품고 있 었지. 소년의 자취가 남아 있는 수수한 자네에게는 동시에 굳 센 의지와 성실함이 있었다네.

다시금 자네가 그리워지는군.

자네는 파랗고 깊은 하늘로 떠났어. 하지만 과연 떠난 걸까. 우리가 살아 있는 한, 자네는 우리 곁에 머물러 있네. 자네의 얼굴 도, 했던 말도, 사소한 몸짓도, 자네가 남긴 희망과 원망까지도.

자네의 정신과 동료들은 지금 자네에게 편히 쉬라는 인사도 건네지 못하고, 편히 잠들지 못하고 있다네. 정신의학에서는 애도 작업이라 하고, 이 열도에서는 성불, 저 반도에서는 한을 푼다고 하는 시간이 이제 시작되겠지. 자네에게 안녕을 말할 그때까지 기다려 주기를.

2000년 12월 2일

안 가쓰마사 선생을 애도하며

산토리학예상 선정평

와시다 기요카즈鷲田清一

※   와시다 기요카즈는 철학자이자 당시 오사카 대학 총장으로
현재는 오타니 대학 문학부 교수로 있다. 산토리학예상은
1979년부터 매년 정치·경제, 예술·문학, 사회·풍속,
철학·역사 부문별 우수한 연구 및 평론을 발표한 개인에게 주는
상으로 안 가쓰마사는 본 저서로 1996년 산토리학예상
사회·풍속 부문을 수상했다.

안 가쓰마사는 한신·아와지 대지진 후 진료와 구호 활동으로 몸과 마음이 녹초가 된 늦은 밤, 신경이 곤두서기도 하고, 눈물이 많아져 멍하니 넋을 놓기도 하고, 때로는 괴로움에 손가락을 움직일 수도 없었지만 컴퓨터 앞에 앉아 글을 짜냈다. 이 책은 「재난 지역의 진료 기록부」라는 제목으로 일주일에 한 번, 산케이 신문 지면에 1년간 연재한 글들을 모은 것이다.

그 자신도 이재민이면서 화재 진압 및 구호 활동 중 시민들의 질타에 깊이 상처를 입은 소방대원들, 자신의 집도 무너진 상황에서 열심히 환자들을 돌보는 동료 간호사들에게 어떤 말을 해야 할지 모르겠다며 울먹이는 간호부장, "숨을 곳 없는 대피소 생활"로 극도의 긴장에 시달리고 혼란스러운 마음, 갑작스러운 '대지진 동거' 속에서 서서히 금이 갔던 결혼 생활, 그리고 환자가 마침내 '무거운 짐을 내려놓을 수 있게' 된 작은 계기 등을 그려낸 필치는 동료 나카이 히사오 씨의 표현을 빌리자면, "부드러우며" 때로는 "감미롭기까지"하다.

대지진으로 인해 달라진 생활과 환경의 여파로 서서히 몸에 나타나는 만성적인 스트레스와 그냥 지나치기 쉬운 마음의 상처를 하나하나 살피며 사회 전체에 더해진 스트레스까지 연결해 넓혀 가는 안 가쓰마사의 시선은 재난과 마음 돌봄을 이야기한 수많은 글 속에서도 단연 세심하고 묵직한 울림을 주었다.

예전에 야나기타 구니오[일본의 민속학자이자 관료]는, 재난이나 불행, 빈곤이 닥쳤을 때 주민들이 힘을 모아 대처하는 "상호부조"相互扶助의 자세가 우리 사회에서 점차 사라져 가고, "숨길 수 없는 고독감"을 견딜 수밖에 없는 "고립"이 만연한 현실이 우리 사회의 깊은 병리라고 우려했다. 한신·아와지 대지진 후 부흥 과정에서도 이 점이 문제로 제기되었고 안 가쓰마사도 "심적 외상을 입은 사람은 고립되기 쉽다"라고 지적했다. "대지진 후 어려움에 부닥친 노인들을 보며 커뮤니티는 단순한 개념이 아니라 실체가 있는 그 자체라는 사실을 나는 절실히 깨달았다." "커뮤니티가 재난으로 깊은 상처를 받았다." 이것이 그의 답이었다.

그는 "심적 외상에서 회복한 사람에게 나는 일종의 숭고함을 느낀다"라고도 썼다. 그리고 상처 입은 그 사람들을 맞이하고 회복의 과정을 함께할 수 있는 사회야말로 '품격' 있는 사회라고 말한다.

묵직한 울림을 던지는 말이다.

1996년 4월 산토리학예상 시상식에서 안 가쓰마사와 그의 가족. 부인이 안고 있는
아이가 그해 1월에 태어난 장남이다.

산토리학예상 선정평

2001년판 해설

가와무라 나오야河村直哉

안 가쓰마사 선생은 2000년 12월 2일 간세포암으로 고베시 나가타구의 시립 니시 시민 병원에서 생을 마감했다. 향년 서른아홉이었다.

그의 마지막 날들에 관해 보고하려 한다.

그해 봄, 안 선생은 조수, 강사로서 9년간 근무한 고베 대학 의학부 신경정신과를 떠나 니시 시민 병원 신경정신과장으로 부임했다. 같은 시기 부인이 셋째 아이를 임신했다. 일과 가정에서 모두 희망이 반짝이던 봄이었을 것이다. 그러나 5월이 되자 미세한 컨디션 악화를 느낀 안 선생의 몸에서 암이 발견됐다. 이미 말기였다.

의사로서 자신의 몸 상태를 객관적으로 알고 있었던 안 선생은 입원이나 화학 치료를 되도록 피하고, 대체 요법에 의지해 최대한 가족과 평범한 나날을 보내려 했다. 여기에는 임신한 아내를 위로하려는 목적도 있었겠지만, 안 선생 본인에게도 가족, 그리고 곧 태어날 아기와 보내는 시간이 가장 큰 힘이 됐을 것이다. 그는 선뜻 아내에게도 자신이 암에 걸렸다고 알리고 웃으며 격려했다. 그와 동시에 니시 시민 병원에서 계속 환자들을 진찰했다.

하지만 여름이 끝날 무렵, 안 선생의 몸 상태가 급속히 나빠졌다. 그는 피로감이 극도로 심해져 10월 20일 정신과 의사로서 마지막 진찰을 마치고 휴직에 들어갔다. 세상을 떠나기 약 한 달 반 전까지 의사로서 진찰을 계속했다는 점은 놀라운 일이다. 11월이 되자 안 선생은 복수가 차기 시작해 걷다가 휘청거릴 때도 많아졌다. 그래도 입원을 생각하지 않았다. 아내의 출산이 임박했기 때문이다. 안 선생은 한자 사전을 손에 들고 태어날 딸의 이름을 고민했다.

11월 12일 일요일에는 장남의 시치고산 참배*를 위해 일가족이 다 함께 이쿠타 신사를 찾았다. 사진 속 안 선생은 수척한 얼굴에 머리는 하얗게 셌지만, 깊은 사랑이 가득 담긴 눈빛으로 양옆에 두 아이의 손을 잡고 있다.

30일, 그는 진통이 시작된 아내를 조산원으로 보낸 뒤 택시를 타고 니시 시민 병원으로 향했다. 그날 밤, 아기는 무사히 태어났다. 12월 1일. 아기를 안고 아내가 병원으로 달려왔을 때 이미 안 선생은 의식이 없었다. 아내는 안 선생의 머리맡에

* 아이의 성장을 축하하기 위해 신사에 참배하는 일본의 풍습.

아기를 눕히고 그의 손으로 작은 볼과 머리를 쓰다듬게 했다. 2일 새벽, 희미한 목소리로 기도하듯 "가요"라는 말을 몇십 번이나 되풀이한 뒤에 안 선생은 숨을 거뒀다.

이 책은 안 선생이 생전에 남긴 유일한 저서다. 이 책으로 안 선생은 1996년 산토리학예상을 수상하고, 한신·아와지 대지진의 재난 지역을 상징하는 정신과 의사이자 심적 외상에 관한 젊은 연구자·임상가로서 널리 알려졌다. 실제로 안 선생에게는 재난 시 정신보건에 관한 강연이나 원고 의뢰가 끊이지 않았고, PTSD로 괴로워하는 환자가 멀리서 찾아오기도 했다.

전문가로서 안 선생은 유아기의 학대 등 심적 외상에서 비롯된 다중 인격과 관련한 임상과 연구를 일본에서 가장 먼저 시작한 것으로 알려져 있다. 트라우마에 관해 착실하게 쌓아온 지식이 한신·아와지 대지진이라는 사태를 만나면서 안 선생의 시선은 자연스럽게 이재민들의 커다란 마음의 상처로 향했다. 그는 대지진 후에도 어려움을 겪는 다중 인격 환자 치료에 힘쓰며, 그에 더해 대지진 관련 업무까지 맡았다. 술도 삼가던 안 선생이 간세포암으로 쓰러진 데는 과로의 영향이 적지 않았을 것이다.

대지진으로부터 7년 가까이 지났다. 안 선생이 이 책에서 키워드로 내세운 '마음의 상처'는 일본에서 꾸준히 알려져 대지진 전에 비하면 사람들의 인식이나 제도도 눈에 띄게 달라졌다. 이는 오사카 교육대학 부속 이케다 초등학교의 아동 살해 사건*에서도 단적으로 나타나는데, 이제는 사건, 사고, 재난 장소에서 곧바로 전문가와 자원봉사자, 지자체 등이 연동해 정신적 돌봄 시스템을 만들 수 있게 됐다. 경찰에서는 범죄 피해자에 대한 심리 지원 체계가 전국적으로 갖춰졌고, 범죄 피해자보호법, 아동학대방지법 등 심적 외상을 배려한 법 정비도 이루어졌다. 재판에서 PTSD가 배상 대상으로 인정되는 사례도 많아졌다. 이런 움직임은 한신·아와지 대지진을 계기로 늘어난 것이다.

이 책에서도 언급한 '마음돌봄센터'는 5년간의 시범 사업 기간을 마치고 '마음돌봄연구소'라는 연구 기관이 됐고, 타이완 대지진 당시 전문가를 파견하는 등 해외에도 고베의 경험을 전했다. 아시나가 육영회가 고베시 히가시나다구에 지진 고아의 마음 돌봄을 위해 설립을 추진해 온 레인보우하우스는 1999년에 완공됐고, 교통사고로 부모를 잃은 아이들을 위해 도쿄

* 2001년, 오사카의 이케다 초등학교에 흉기를 든 남성이 난입해 아동 8명을 살해하고 15명을 다치게 한 사건. 이 사건을 계기로 교육 현장의 안전 매뉴얼이 강화되었다.

에도 같은 시설을 만들고 있다고 한다. 고베에서 싹튼 새싹이 여기저기서 결실을 거두고 있다.

한편 대지진 후 일본에서는 흉흉한 일들이 연달아 일어나고 있다. 1997년 고베에서 일어난 아동 연쇄살인 사건과 이번 이케다 초등학교 사건도 예전에 '지진 피해 지역'으로 불리던 곳에서 일어난 사건이다. 재난 지역뿐만 아니라 현재 일본에 나타나는 불길한 징조는 간토 대지진 후 허무주의가 팽배했던 상황과 몹시 닮았다. 안 선생은 대지진 후 제도나 인력 면에서 '마음 돌봄'의 중요성을 제기했다. 하지만 이 책에서도 언급한 것처럼, 제도나 전문가만 마음의 상처를 치유하는 것은 아니라는 점을 그는 본능적으로 알고 있었다. 안 선생은 다른 글에서 이렇게 지적한 바 있다.

마음의 상처나 마음 돌봄이라는 말이 독립적으로 쓰이면서 "이재민의 고통에는 무조건 상담이 필요하다"라는 단순한 도식이 언론에서 나타났다고 생각한다. 그 도식만 남는다면, 이 대지진으로부터 우리가 배운 것은 너무나 보잘것없다. …… 고통을 치유하고 그것을 이해하기에 앞서 우리는 고통이 그곳에 있음을 깨달아야 한다. 하지만 이 고통은 목소리가 없다. 드러낼 자리도 없다. 마음의 상처는 이웃으로서 그 사람 곁에 머물 때 비로소 느낄 수 있다(栗原

彬·小森陽一·佐藤学·吉見俊哉 2000),

안 선생은 자신의 죽음과 새로운 생명의 탄생을 앞두고 그저 가족과 함께 있고자 했다. 머지않아 이별해야만 하는 가족 곁에 머무르려 한 것이다. 침묵 속에서조차 그 무엇으로도 바꿀 수 없는 사람과 사람 간의 유대가 있었으리라. 안 선생의 마지막 나날을 떠올리면 진정한 '마음의 상처와 치유'를 생각하며 마음이 엄숙해진다.

「후기」에서 안 선생이 쓴 대로, 이 책의 바탕이 된 신문 연재 「재난 지역의 진료 기록부」는 대지진 직후부터 1년간 이어졌다. 안 선생은 폐허가 된 재난 지역에서 의사로서 격무에 쫓기면서도 글을 집필했다. 원고는 동트기 전 새벽, 때로는 아침에도 오곤 했다. 이 책은 비극의 땅에서 자신도 당사자로서 잔해 속을 걸어가며 목격한 다양한 마음의 상처를 실시간으로 글로 옮긴 보기 드문 작업이고, 이 당사자성과 동시성은 앞으로 세계 각지에서 일어날 비극에서도 통할 것이다. 안 선생이 대지진의 한복판에서 모색하고 방황하면서 깨달은 "마음의 상처를 치유하는 일"에 대한 시선은, 지금도 먼 땅에서 일어나고 앞으로도 일어날 모든 비극에 맞닥뜨릴 사람에게까지 향하고 있다.

좀처럼 흔하지 않은 작업이었다. 이 작업에 함께 할 수 있었음을 내 평생의 자랑으로 여긴다. 그러나 지금은 동시에 그것이 부른 슬픈 결말을 생각하지 않을 수 없다. 지금도 이 글을 마무리 하며 나 자신을 탓하게 된다. "가와무라 씨여서 쓰는 겁니다." 1995년 2월경, 안 선생은 고베 산노미야의 폐허 속에서 그렇게 말해 줬다. 평생의 자랑인 동시에 평생의 책망이다.

안 선생님. 당신이 이름을 지어 준 아기는 쑥쑥 자라고 있습니다. 투명한 진주 같은 젖니가 빠지고 아장아장 걷기 시작했습니다. 이 문고본이 나올 무렵에는 혼자서 걷고 있을지도 모르겠네요. 신문에 연재할 때부터 무리한 부탁만 드렸습니다. 하지만 부디 안 선생님, 지켜봐 주십시오.

2001년 가을

옮긴이 후기

1995년 1월 17일 오전 5시 46분.

일본 효고현 아와지섬 북부에서 일본 관측 사상 최초로 진도 7.3의 지진이 발생했다. 도심을 강타한 이 지진의 사망자는 6434명, 부상자는 4만여 명에 달했고, 수많은 건물이 붕괴하며 도시 전체가 아수라장이 되었다. 발전된 항구도시였던 고베가 하루아침에 처참하게 변해 버린 모습에 당시 일본 열도는 큰 충격에 빠졌다.

저자 안 가쓰마사는 그런 재난 현장의 한복판에서 정신과 구호 활동을 벌이며 사람들의 상처 입은 마음을 어루만졌다. 그 과정을 담담하게 기록한 것이 바로 이 책이다. 저자는 이를 통해 일본 사회 전반에 PTSD에 대한 관심을 불러일으키며 마음 돌봄의 '개척자'라는 평가를 받았다. 그러나 안타깝게도 39세의 젊은 나이에 세상을 떠나면서 더 많은 성과를 지켜보지 못했고, 이 책은 그가 생전에 남긴 유일한 저서가 되었다.

이후 2019년, 일본 공영방송사인 NHK는 한신·아와지 대지진 25주기를 1년 앞두고 그의 삶을 조명한 드라마를 방영했

옮긴이 후기

다. 4부작으로 제작된 이 드라마는 저자의 유년 시절부터 대지진 당시의 구호 활동을 비롯해 세상을 떠나기 전의 투병 생활까지 잔잔하게 그려 내 시청자들에게 강한 여운을 남겼다. 드라마 방영을 계기로 이 책에 대한 관심도 높아져 새롭게 증보판이 출간되기도 했다. 2011년 동일본 대지진과 후쿠시마 원전 사고 등 대형 재난이 끊이지 않았던 일본 사회에서, 그가 남긴 메시지의 울림은 여전히 유효한 것 같다.

안 가쓰마사는 이 세상이 심적 외상으로 가득 차있다고 말한다. 말하자면, 세상은 마음의 상처들로 가득하다는 것이다. 하지만 그가 보기에 마음의 상처를 치유하는 것은 정신과 의사나 정신의학이 아니었다. 그는 일상에서 작은 회복의 계기들이 하나씩 쌓여 갈 때, 비로소 진정한 치유가 시작된다고 보았다.

> 심적 외상에서 회복한 사람에게 나는 일종의 숭고함을 느낀다. 외상 체험으로 너무나 큰 것을 잃었고 그것을 되찾을 수는 없다. 하지만 상처를 뛰어넘어 성장해 가는 모습을 볼 때 나는 인간에 대한 감동과 경의를 새롭게 느낀다(245쪽).

그리고 그 회복의 계기들을 만들어 가는 데 필요한 것은,

사회에서 고립되지 않고 함께 살아가는 사람들과의 '연결 고리'다. 결국 마음의 상처를 치유하는 일은 우리가 살아가는 커뮤니티 전체와 연관된 일이라고 할 수 있다.

마음 돌봄이 사회 전반에 널리 퍼진다면, 그것이야말로 주민이 존중받는 사회를 만드는 일이지 않을까. 나는 이것이 사회의 '품격'과 관련된 문제라고 생각했다(71-72쪽).

이 책을 옮기는 동안 한국 사회에도 여러 재난이 발생했다. 그중에서도 2022년 10월 29일, 159명의 생명을 앗아 간 이태원 참사는, 안전에 철저히 대비했더라면 충분히 막을 수 있었던 참사인 만큼 안타까움을 더했다. 현재 참사를 규명하는 과정에서 생존자들과 유가족들의 상처는 더욱 깊어지고 있다. 저자는 마음을 돌보는 일이 그 사회의 품격과도 연관된다고 말했는데, 모든 수습 절차가 끝난 뒤 우리 사회는 상처받은 이들의 마음을 어떻게 어루만지고 회복으로 나아갈 수 있을까.

공교롭게도 이 글을 쓰고 있는 오늘은, 한신·아와지 대지진이 일어난 때로부터 28년이 지난 날이다. 매년 이맘때 고베에서는 시민들이 함께 모여 희생자들을 추모하고, 재난을 기억하는 행사가 열린다. 순식간에 사랑하는 사람을 앗아 가는 예기치 못한 재난은 28년 전에도, 지금도 일어나고 있다. 28년 전 저자의 기록이 당시 사람들에게 위로와 희망을 주었듯, 2023년 우리로 하여금 마음의 상처를 다시 생각하게 하며 마침내 치유로 이끌어 주기를 진심으로 소망한다.

마지막으로, 이 책이 한국에 출간될 수 있도록 수고해 주신 후마니타스에 감사의 말씀을 전한다. 이 책의 가치를 먼저 알아봐 주신 이진실 편집자님, 번역 과정에서 간과한 부분을 꼼꼼히 짚어 주시고 부족한 문장을 다듬어 주신 심정용 편집자님께 감사드린다.

2023년 1월 17일

박소영

참고문헌

재난 관련

河合隼雄·日本臨床心理士会·日本心理臨床学会 編, 1995,
　　　　『心を蘇らせる』, 講談社.

小林和, 1996,「夕暮れが怖い人々」,『文芸春秋』2月号.

神戸市消防局『雪』編集部·川井竜介 編, 1995,「阪神大震災:
　　　　消防隊員死闘の記」, 労働順歩社.

神戸市湊川中学校 編, 1995,『震災綴り人·ふれあい·助け合い』.

中井久夫 編, 1995,『1995年1月·神戸:
　　　　「阪神大震災」下の精神科医たち』, みすず書房.

野田正彰, 1995,『災害救援』, 岩波書店.

高木慶子, 1996,『大震災: 生かされたいのち』, 春秋社.

ビヴァリ-·ラファエル, 1989,『災害が襲う時』, 石丸正 訳, みすず書房.

デビッド.ロモ, 1995,『災害と心のケア』, 水澤都加佐監 訳,
　　　　アスク·ヒュー マン·ケア.

ベッセル.A.ヴァン.デア.コルク, 1995,
　　　　「心的外傷後ストレス障害(PTSD)の治療」, 河合隼雄 編,
　　　　『心を蘇らせる』, 講談社.

佐伯祐一, 1995,「阪神大震災に関わって」,『福岡行動医学雑誌』第3巻
　　　　第2号.

あしなが育英会 編, 1996,『黒い虹: 阪神大震災遺児たちの1年』,
　　　　廣済堂出版.

東山千絵, 1996,「幼児虐待の続発と対処―電話相談報告」, 岡堂哲雄
　　　　編,『現代のエスプリ別冊: 被災者の心のケア』, 至文堂.

太田正幸, 1995,『神戸大学医学部精神神経科学教室同門会ニュース』 第10号.

横尾博志, 1995,「清明療で」,『福岡行動医学雑誌』第3巻 第2号.

岩尾俊一郎, 1996,「震災時の精神科救急」,『こころの科學』65号.

日本精神神経学会阪神大震災特別委員会, 1995, 「阪神・淡路大震災における支援活動資料集-こころのケアを めざして」,『精神神経学雑誌』第97巻, 日本精神神経学会.

사별 관련

E. A.グロルマン 編, 1996,『愛する人を亡くした時』, 日野原重明監・松田敬一 訳, 春秋社.

曽野綾子・A. デーケン 編, 1984,『生と死を考える』, 春秋社.

A.デーケン 編,「悲嘆のプロセス-苦しみを通しての人格成長」, 曽野綾子・A.デーケン 編,『生と死を考える』, 春秋社.

柳田邦男, 1995,『犠牲(サクリファイス): わが息子・脳死の11日』, 文芸春秋.

小此木啓吾, 1979,『対象喪失』, 中央公論社.

副田義也, 1995,「阪神大震災遺児家庭の生活実態」, 『あしながファミリー』.

심적 외상 관련

栗原彬・小森陽一・佐藤学・吉見俊哉, 2000,『越境する知 2 語り: つむぎ だす』, 東京大学出版会.

高橋祥友, 1992,『自殺の危険: 臨床的評価と危機介入』, 金剛出版.

美國情神醫學會, 1995,『精神疾患の分類と診断の手引』(DSM-IV), 髙橋三郎・大野裕・染矢俊幸 訳, 医学書院.

荒木憲一 外, 1995,「災害精神保健システム精神科医の役割 ―

普賢岳噴火災害後の精神保健活動を通して」,
『臨床精神医学』第24 巻12号.

麻生克郎·加藤寛·福本育子, 1996,「災害とこころのケア」,
『ロサンゼルス視察研修報告書』, 未發刊.

小田晋·F.M.オクバーグ·T.A.ケーン·市井雅哉·丸田俊彦, 1994,
「特集·心の傷とは何か: トラウマとコンプレックス」.
『imago』第5巻8号, 青土社.

広瀬徹也, 1987,「抑うつと悲哀」,『異常心理学講座4: 経症と精神病1』,
みすず書房.

ジョン.T.マルツバーガー 外, 1994,『自殺の精神分析:
臨床的判断の精神力動的定式化』, 星和書店.

마음의 상처를 치유하는 일

재난 현장에 선 정신과 의사의 기록

1판 1쇄. 2023년 2월 13일

지은이. 안 가쓰마사
옮긴이. 박소영

펴낸이. 안중철·정민용
책임편집. 심정용
편집. 최미정, 윤상훈, 이진실

펴낸 곳. 후마니타스(주)
등록. 2002년 2월 19일 제2002-000481호
주소. 서울 마포구 신촌로14안길 17, 2층(04057)

편집. 02-739-9929, 9930
제작. 02-722-9960
메일. humanitasbooks@gmail.com
블로그. blog.naver.com/humabook
SNS. **f** ⓘ **ⓨ** /humanitasbook

인쇄. 천일문화사 031-955-8083
제본. 일진제책사 031-908-1407

값 18,000원

ISBN 978-89-6437-427-6 03180